U0128484

巴彦淖尔

乌拉特前旗

唐和平 ◎ 编著

内蒙古人民出版社

图书在版编目 (CIP) 数据

话说内蒙古·乌拉特前旗 / 唐和平编著 . —呼和浩
特：内蒙古人民出版社，2017.11
ISBN 978-7-204-15090-8

Ⅰ．①话… Ⅱ．①唐… Ⅲ．①乌拉特前旗—概况
Ⅳ．① K922.6

中国版本图书馆 CIP 数据核字 (2017) 第 281333 号

话 说 内 蒙 古 · 乌 拉 特 前 旗

HUASHUO NEIMENGGU WULATEQIANQI

丛书策划	吉日木图　郭　刚
策划编辑	田建群　张　钧　南　丁　王　瑶　贾大明
本册编著	唐和平
责任编辑	董丽娟　贾大明
责任监印	王丽燕
封面设计	南　丁
版式设计	朝克泰
丛书名题字	马继武
蒙古文题字	哈斯毕力格
出版发行	内蒙古人民出版社
地　　址	呼和浩特市新城区中山东路 8 号波士名人国际 B 座 5 楼
网　　址	http://www.impph.cn
印　　刷	内蒙古恩科赛美好印刷有限公司
开　　本	710mm×1000mm　1/16
印　　张	12
字　　数	200 千
版　　次	2017 年 11 月第 1 版
印　　次	2018 年 12 月第 1 次印刷
印　　数	1—4000 册
书　　号	ISBN 978-7-204-15090-8
定　　价	48.00 元

图书营销部联系电话：（0471）3946267 3946269
如发现印装质量问题，请与我社联系。联系电话：（0471）3946120 3946124

《话说内蒙古·乌拉特前旗》编撰委员会

主　　任　陈功明（中共乌拉特前旗委书记）

副 主 任　苏亚拉图（中共乌拉特前旗委副书记、政府旗长）

　　　　　菅江左（中共乌拉特前旗委副书记）

　　　　　王文达（中共乌拉特前旗委常委、宣传部部长）

　　　　　杨　静（乌拉特前旗人大常委会副主任）

　　　　　林　峰（乌拉特前旗政协副主席）

编　　委　武勇君　刘嘉耘　唐和平　蔺振中

《话说内蒙古·乌拉特前旗》编写组

主　　审　王文达

主　　编　唐和平

摄　　影　宝　玉　胡怀峰　陶格斯

编写人员　赵海军　冯美霞　马宏伟　苗　雨

总　序

内蒙古自治区成立于1947年5月1日，是中国共产党领导下成立的第一个省级少数民族自治区。全区辖9个地级市、3个盟(合计12个地级行政区划单位)，23个市辖区、11个县级市、17个县、49个旗、3个自治旗(合计103个县级行政区划单位)，首府呼和浩特市。

内蒙古位于祖国正北方，地跨东北、华北、西北地区，东西直线距离2400多公里，南北跨度1700多公里，总面积118.3万平方公里。广袤的土地蕴藏着丰富的自然资源，为内蒙古提供了广阔的发展空间。森林、湿地、平原、草原、沙漠等类型丰富的地貌，孕育了独特的旅游资源和动植物资源；多样化气候、充沛的水源、肥沃的农田、丰美的草场等资源优势和绿色优势，为现代化农牧业的快速发展创造了得天独厚的条件；丰富的煤、稀土等矿产资源和风力等清洁能源，为煤化工产业、有色金属产业、清洁能源产业等的发展壮大提供了有力支撑。内蒙古内与八省区相邻，外与俄罗斯、蒙古国接壤，国界线长达4200多公里，有建成我国向北开放的重要桥头堡和充满活力的沿边经济带的天然区位优势。

自古以来，内蒙古始终是不同民族交往交流交融的沃土，是不同文化碰撞融合的舞台，在相互融合、相互促进中，各族群众共同开拓了祖国辽阔的疆域，共同书写了祖国辉煌的历史，共同创造了灿烂的文化，共同培育了以爱国主义为核心的伟大民族精神。党的十八大以来，内蒙古自治区围绕贯彻落实习近平总书记重要讲话重要指示批示精神，全面深入持久开展民族团结进步创建工作，促进各民族交往交流交融，推动新时代继续保持"模范自治区"的崇高荣誉。

在漫长的历史进程中，内蒙古各族群众创造了丰富多彩的地域文化，成为祖国灿烂文化的重要组成部分。爬山调、漫瀚调、蒙古族长调等传统音乐，脑阁、双墙秧歌、顶碗舞等民间舞蹈，二人台、东北二人转、达斡尔乌钦等传统戏剧曲艺，格萨（斯）尔、王昭君传说、敖鲁古雅鄂温克族神话等民间文学，蒙医药、科尔沁正骨术、蒙医熏鼻疗法等传统医药医术，桦树皮制作、达斡尔车制作、莜面制作等传统技艺……内蒙古在保护好、传承好、利用好这些优秀传统文化的同时，也在促进各民族交往交流交融、增进民族团结和维护中华文化多样性和创造性等方面作出了突出贡献。

70多年来，在中国共产党的正确领导下，在党的民族政策的光辉照耀下，内蒙古各族人民沿着中国特色社会主义道路不断前进，经济发展实现历史性跨越，社会事业实现长足发展，民族文化强区建设迈出坚实步伐，社会主义民主法治建设稳步推进，生态环境质量显著改善，取得了举世瞩目的发展成就，谱写出波澜壮阔的历史篇章。

为展示我区经济发展、社会进步、文化繁荣、民族团结、边疆安宁、生态文明、人民幸福的亮丽风景线，我们组织全区103个旗县（市辖区）的有关部门和专家学者，将各地在历史沿革、自然风光、民俗文化、民间艺术、社会经济发展等方面的资料汇编在一起，编纂了这套能够展示内蒙古总体面貌、反映时代特色和民族文化强区风范的大型丛书——《话说内蒙古》。

一套书，一支笔，不足以穷尽内蒙古的方方面面。《话说内蒙古》丛书为你了解内蒙古打开一扇窗，若你想对内蒙古有更深入的了解，读万卷书不如行万里路，来内蒙古吧！内蒙古将以最饱满的热情迎接你！

序

　　母亲河"几"字形的臂弯里，是乌拉特前旗这块神奇、灵秀的土地。大河圣山、草原林海、沙漠雪原、湖泊湿地，7476平方千米的土地正成为一个巨大的舞台，34万各族儿女追梦时代潮头、放歌黄河岸边，演绎着一场波澜壮阔的历史大剧。

　　早在旧石器时代，乌拉特前旗就有人类活动。旧石器中期的"河套人"举着火把蹚过萨拉乌苏河，开始在这块丰腴的土地上掘窟为室、捕鱼狩猎，繁衍生息。距今6000年前的新石器时代，"仰韶文化"已"北过河套"，渗入乌拉特前旗。战国时期，赵武灵王"胡服骑射"，北破林胡、楼烦，筑长城于乌拉山下，设九原县于黑柳子三顶帐房。秦时，蒙恬扫北，始皇帝在九原县设九原郡，修筑过旗境苏独仑、大、小佘太，直到辽东的万里长城；修筑直达九原郡，长45万米、宽22米的秦直道。西汉武帝金戈铁马，掠地拓疆，修过旗境小佘太的秦汉长城，筑小佘太光禄塞；汉元帝时，昭君出塞，光禄塞上演了匈汉和亲的历史壮剧。北魏在苏独仑建沃野镇，爆发了震惊华夷的"六镇起义"。隋唐时期，在三顶账房建中受降城，在乌梁素海坝头建天德军城。元朝，成吉思汗的胞弟哈萨尔驻牧乌拉特草原。清廷册封爵位，设乌拉特三旗。近现代，这里又燃起革命烽火，恩克巴雅尔、窦二仓、奇俊峰等志士仁人留下了追求真理的坚实足迹。也正是在这片神奇而灵秀的土地上，各族儿女怀着对美好生活的执着追求，用勤劳的双手谱写着历史文化与现代文明交相辉映的美丽画卷。

　　旗运重开，潮头逐梦。站在新的历史起点上，乌拉特前旗各族儿女正按照"守望相助，团结奋斗"的殷殷嘱托，践行"五大发展理念"，推进供给侧结构性改革，以工业化、信息化、城镇化、农牧业现代化、绿色化协同发展统领经济工作，围绕经济转型升级、农牧业提质增效、城乡美丽宜居、信息化深度融合、绿色化覆盖全域，加快推进现代化工业及新材料生产基地，清洁能源输出基地，有色、黑色冶金基地，绿色农畜产品生产加工输出基地，文化旅游休闲度假基地建设。为把乌拉特前旗打造成祖国北疆亮丽的风景线，各族儿女砥砺奋进，勇往直前。

"潮平两岸阔，风正一帆悬。"承载着先辈的光荣与梦想，肩负着历史的责任与担当，乌拉特前旗34万各族儿女正豪情满怀、意气风发，沿着中国特色社会主义的康庄大道，朝着中华民族伟大复兴的"中国梦"高歌猛进。

吟大河流韵，挺绿色脊梁，振前旗雄风。为了让读者全方位地了解乌拉特前旗，我们编撰了这本《话说内蒙古·乌拉特前旗》。全书用通俗的语言、精美的图片，讲述了乌拉特前旗的历史传承、民俗风情、风味特产、风景名胜和发展现状，为读者展示了一个美丽、富饶、活力四射、蓬勃向上的乌拉特前旗。

中共乌拉特前旗委员会书记　　陈　功　明
乌拉特前旗人民政府旗长　　苏亚拉图

目录 Contents

多元文化　嬗变传承

果硕粮丰　沃土流金

灵山秀水　鬼斧神工

天来之水　大河流韵

旗运重开　潮头追梦

铁钩银划　墨迹留痕

沧桑岁月　史海钩沉

HUASHUONEIMENGGUwulateqianqi

沧桑岁月　史海钩沉

CANGSANGSUIYUESHIHAIGOUCHEN

旧石器时代，乌拉特前旗境内已有早期人类活动。战国时期，赵武灵王在此设九原县。清顺治帝于1648年设乌拉特前、中、后三旗，乌拉特前旗一名由此得来。

古韵常在　古风犹存

乌拉特前旗位于内蒙古自治区西部、河套平原东南。东临包头市，西街五原县，南与鄂尔多斯市杭锦旗、达拉特旗隔黄河相望，北与乌拉特中旗接壤。全旗东西长约142千米，南北宽约85.5千米，辖域总面积7476平方千米。

乌拉特前旗犹如一个横躺在河套大地上的宝葫芦，地貌总特征可概括为"三山两川一面海，千里平原两道滩"。三山即乌拉山、查石太山、白音察汗山，两川即小佘太川、明安川，千里平原即河套平原，两道滩即蓿荄滩、中滩。黄河从旗南境流过，过境长153千米。鸟鸣鱼跃的乌梁素海居于旗域腹部，俗称"一面海"。

史前探幽　远古追魂

旗境及附近地区发掘的人类化石和文化遗存表明，早在旧石器时代，乌拉特前旗境内就有人类活动。旧石器时代中期的"河套人"开始在这块丰腴的土地上掘窟为室、捕鱼狩猎、繁衍生息。距今6000多年前的新石器时期，兴起于黄河流域的"仰韶文化"已"北过河套"，渗入这方土地。

阴山岩画——北山羊（新石器时代）

石杵（新石器时代）

石环（新石器时代）

陶盘（新石器时代）

小口双耳泥质红陶瓶（新石器时代）

夏商定州 旗境归雍

　　夏王朝起于禹而终于桀，延续约471年。夏王朝钦定九州，乌拉特前旗时属雍州北境，舌方、鬼方等游牧部落在此活动。商王朝从盘庚迁殷至灭亡，乌拉特前旗仍属雍州，土方、舌方、鬼方、羌方等部落日渐强盛。周王朝从有邰氏践迹生弃到战国伊始，域同前制，昆夷、獯鬻等部落活动于旗境。

战国拓疆 域隶九原

　　战国时期，北方互不统属的氏族、部落从战争兼并向聚集融合发展，势力日益强大。当时，在阴山和阴山北麓的广袤草原上聚集着匈奴，阴山南麓地区有林胡、楼烦两个较大的部落，旗境为两部落占据。为此，赵武灵王"胡服骑射"，厉行改革，北破林胡、楼烦，"筑长城，自代并阴山下，至高阙为塞，而置云中、雁门、代郡"。同时，赵武灵王还在今乌拉山南麓的黑柳子三顶帐房设九原县。其时，旗域属九原县中部地，隶九原县。

　　为了巩固已经开拓的疆域，赵武灵王命人修筑了从河北宣化途经阴山、乌拉山南麓至狼山西端的长城。现在，乌拉山南麓长城遗址和乌拉山卧羊台城塞遗址还依稀可辨。与此同时，赵武灵王"命吏大夫奴迁于九原，又命将军大夫适子戍吏，皆貉服矣"。这使河套地区结束了荒漠草原的历史，开创了移民屯垦的先河。

战国末年天下大乱。已经强盛起来的匈奴乘机南下，占领了河套和阴山地区，九原被头曼单于占领。因旗域依山傍水、沃野千里，阴山南北"草木茂盛多禽兽"，故成为匈奴部落的畜牧和狩猎之地。

蒙恬扫北　秦皇魂归

匈奴占据九原等地后，骚扰边境，掳掠财物，严重威胁着秦王朝的安全。前215年，秦始皇派大将蒙恬率30万大军攻打匈奴，先后占领了黄河南北岸及阴山以南，建县城34座，在赵九原县城设九原郡，统领九原事务。其后，蒙恬大军又攻取河套以北、大青山以西包括现明安，大、小佘太，苏独仑等地。匈奴头曼单于迫于秦军压力，北撤700里，退往今蒙古国境内。

为了防御匈奴，秦将北境原秦、赵、燕三国所筑的长城重新修整，建成了西起临洮，沿黄河北行，过旗境苏独仑、大佘太、小佘太直到辽东的万里长城。

蒙恬将匈奴赶往阴山以北后，又于前214年、前211年两次受命移民到旗域的北假地区（阴山北）进行垦殖。与此同时，从陕西淳化县境内开始，沿子午岭直达九原郡，修筑了长450千米、宽22米的秦直道。这条要道成为贯通秦朝南北的交通要道，也是现代军用高速公路的鼻祖。

前210年，秦始皇病逝于河北沙丘，赵高运灵柩绕道九原郡，并设计杀害了有功于秦的大将蒙恬及秦始皇的儿子扶苏，而后回咸阳。始皇死后，楚汉相争，中原大乱，匈奴乘乱逾长城、渡黄河、占北假（今乌拉特前旗明安、大佘太、苏独仑一带）、据九原，旗境归匈奴右贤王辖领。

昭君出塞　汉武临幸

西汉时，旗境既是匈奴的屯兵之地，也是匈奴统治的中心区域。由于乌拉山东部的昆都仑河谷纵贯阴山南北，乌拉山西部山势险峻，旗域西连河套，南开北阔，故成为兵家必争之地。西汉前期的几

陶灶（汉）

陶灶构件（汉）

泥质灰陶罐（汉）

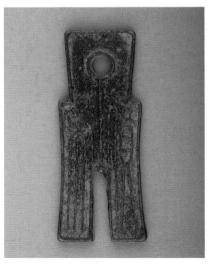

货泉（汉）

十年，匈奴对汉发动了15次大的战争，九原郡都是当时匈奴南下的出发之地。

汉武帝即位后，国势日益强盛。前127年，武帝派大将卫青领兵出云中、过九原、袭楼烦、战白羊，夺取了河南地（今黄河以南鄂尔多斯）；次年又派将军苏建率10余万人在今乌拉山镇南约18千米

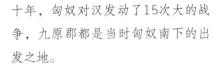

货泉（汉）

处的黄河南岸修筑朔方城。同时，西汉在新占领区域设五原郡和朔方郡：五原郡领县16，其中，五原、

五铢（汉）

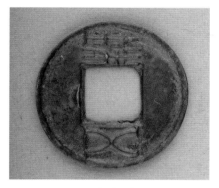

五铢（汉）

五铢（汉）

万，从长安出发，顺秦直道直抵五原郡，而后又从昆都仑谷地越阴山、出长城、抵朔方、临北河，显示军威。与汉武帝同行的司马迁在沿着秦汉亭障登上小佘太境内的秦赵长城时，写道："吾适北边，自直道归，行见蒙恬所为秦筑长城亭障，堑山堙谷。"（《史记·蒙恬列传》）并发出了"固轻百姓力矣"的感慨。

汉武帝巡视北境后，汉王朝加强了五原、朔方的防务。一是增设沿边长城和城障。派拨胡将军郭昌、浞野侯赵破奴屯驻朔方，命光禄勋徐自为筑五原塞外列城，从光禄塞（今小佘太镇东侧）向西到庐朐。二是移民屯田实边。前111年，在上郡、朔方、河西设田官，命60万人屯田戍边。前100年，又遣发谪戍屯五原，并命数万人在朔方开渠引水。

前58年，匈奴五单于争位，北地大乱。呼韩邪单于被其兄左贤王所败，率部到五原、朔方边塞归顺汉朝。前53年，呼韩邪单于经石门障（今明安镇）、五原郡沿秦直道抵达长安，汉宣帝赐其"匈奴单于玺"，承认其为匈奴最高首领。呼韩邪单于归后，居光禄塞（今小佘太境内）守边。

宜梁、成宜、西安阳、河目在乌拉特前旗境内；朔方领县10，其中，朔方、广牧在乌拉特前旗境内。

前110年，汉武帝亲率大军18

前33年，呼韩邪单于在朝见汉元

帝时称愿与汉朝和亲，汉元帝将后宫女子王字昭君许配单于。王昭君随单于回到五原郡，居于光禄塞。这就是史上有名的"昭君出塞"。

9年，王莽篡政，民族矛盾加剧。王莽召天下囚徒、丁男30万戍边。由于天灾兵祸，15年，五原百姓揭竿起义。后经一年多围剿，起义被镇压下去。但经过战乱，五原、朔方已荒无人烟。王莽政权崩溃后，中原地区为各封建势力割据。在中原忙于战事的同时，北方的匈奴实力日渐强大，呼韩邪单于建廷于今白彦花镇附近。朔方、五原在东汉末年后，逐渐成为匈奴、鲜卑等少数民族的聚集区。

五胡征战 旗域分统

从东汉末年到三国、两晋、十六国时期，活跃在北方的"五胡"，即匈奴、鲜卑、羯、氐、羌均进入长城以南的黄河流域，他们与中原王朝争战，乌拉特前旗成为各民族争夺的重要战场。120年以后，乌拉特前旗成为拓跋鲜卑诘汾的领地。220年，拓跋部力微即位，在被其他部落攻打战败后，在长川（今明安川）居住，积蓄力量，以图再起。随着时间的推移，力微势力再次强盛，成为一个新的部落联盟军事首领，并被北魏王朝追谥为"神元皇帝"。力微势力在

五原郡据守39年，乌拉特前旗所在的大河套地区又成为拓跋鲜卑的发祥之地。

后赵政权建立后，乌拉特前旗属后赵国之朔州朔方郡（今乌拉山镇南黄河南岸）。后赵被前秦、前燕取代后，氐族苻坚建前秦，乌拉特前旗属前秦朔方郡统辖。前秦战胜前燕后，又在乌拉山南麓设五原郡。407年，匈奴人进入河套建夏国，乌拉特前旗属夏国幽州辖领。

南北对峙 六镇兴兵

鲜卑拓跋部经二衰三兴后，于386年建立北魏政权。在439年统一北方以后的200多年中，北魏与南朝的宋、齐、梁、陈南北对峙。这期间，乌拉特前旗为夏州五原郡、沃野镇、怀朔镇辖领。

"三迁沃野"：柔然民族兴起之后，北魏为抵御侵袭，建立了6个军事重镇，乌拉特前旗境内的沃野镇经历了三次搬迁。第一次是在汉代沃野县古城设沃野镇。第二次是486年东移到汉朔方县古城。第三次是504年后，因沃野偏南而与其余五镇不齐，不便东张西望，故将沃野镇迁至今乌拉特前旗苏独仑镇根子场附近。

"六镇起义"：正光年间，北魏爆发了六镇起义。523年，怀荒镇镇兵请求镇将于景发粮遭拒，镇

兵盛怒杀死于景。其后，沃野镇属下的高阙戍主被镇民破六韩拔陵杀死。起义之后，"诸镇华夷之民，往往响应"。

义军南进，所向披靡，北魏王朝惊恐不安，派尚书令、侍中李崇率兵镇压，却被义军包围在五原东门，后依赖武川镇军主将贺拔胜拼死厮杀杀开的血路退回云州。

为了挽回败局，北魏派使节出使柔然，请求援助以镇压义军。525年，柔然派兵10万镇压义军，经过激战，义军战败，六镇起义平息。其后，乌拉特前旗先后由西魏、北周辖领。

盘口泥质灰陶瓶（北魏）

都护设府　张氏建城

581年，隋文帝篡周；589年，灭陈，统一中原，建立隋朝。583年，废郡置州，河套地区隶属丰州。586年，又在乌拉特前旗西小召镇境内置丰安镇。607年，又改丰州为五原郡（郡址设在今西小召镇东土城），郡下置九原县、丰安镇、大同城。乌拉特前旗隶属五原郡九原县丰安镇。隋末大乱，乌拉特前旗又为突厥所占。

唐初，突厥强盛，河套及阴山南北均为其所占。630年，李世民命李靖、徐世勣北伐，驱突厥于瀚海之北。乌拉特前旗属关内道丰州管辖。

中唐时期，沿边增设6个都护府，以治理少数民族。647年，设燕然都护府，其后又在河套置永丰县（今临河区）、九原县（今西小召镇）和丰安县（今乌拉山镇境内）。乌拉特前旗又改由丰安县辖领。

武周时期，突厥默啜可汗连年犯边，占据黄河两岸。708年，朔方大总管张仁愿在黄河北岸修筑了东、中、西三座受降城。中受降城在今乌拉特前旗黑柳子三顶帐房。714—722年，又先后有燕然、安北都护府迁至中受降城。其后，又在东、中受降城之间建立了云中守捉城，在中、西受降城之间的

突厥石人墓（隋、唐）

今乌梁素海坝头村北建设了天德军城。唐亡，五代十国并起，乌拉特前旗先为晋朝天德军辖地，后由契丹部辖领。

天德要冲 金夏分境

辽太祖耶律阿保机率契丹部征服阴山南北诸部落后，于920年派太子耶律德光占领乌拉山前后，乌拉特前旗时归大辽统辖。大辽统治时期，云内州设在中受降城（今黑柳子三顶帐房）。云内州属大辽疆域最西的一个州，因其与西夏接壤，故建在其西

四系酱釉扁陶壶（西夏）

北部的天德军城（今乌梁素海坝头村北）成为边境要冲。

赵匡胤发动陈桥兵变建立北宋后，曾两度出兵攻辽，兵锋直指乌拉山，但均以失败告终。在宋辽征战的同时，西北部兴起的党项族拓跋部占领了银、夏、绥、宥、静五州，并于1038年建西夏国，乌拉特前旗乌拉山前及后套平原时归西夏王朝统领。女真族建金后，辽军败北。金承辽制改道为路，乌拉特前旗东北部时归金国云内州统辖，东南及西部河套仍归西夏国辖领。

一代天骄　疆土一统

进入13世纪以后，北方草原的蒙古族游牧部落日趋强盛。铁木真完成了蒙古统一大业，被拥为"大汗"，被尊称为成吉思汗。1211年，成吉思汗率军南下，先后占领了云内州、东胜、丰州。其时，乌拉特前旗为蒙古所据。随后，成吉思汗又于1227年灭西夏，于1234年

灭金。1271年，忽必烈定国号为元。元又于1279年灭南宋。至此，元朝统一中国。元代实行行省制，省下设路、路下设州，乌拉特前旗时属中书省节制，西南部隶大同路云内州，东北部隶德宁路。

1368年，朱元璋推翻元朝建立明朝，明初旗域仍袭元制。1376年，明朝废中书省，改设13个承宣布政使司，旗域东北属山西省东胜卫管辖，旗域西部属陕西省河套管辖。

明朝时，乌拉特前旗东西部长期为元代后裔蒙古封建领主所统治，部落之间相互争战。乌拉山前后一直为元将扩廓帖木儿占据，后由鬼方篡位称可汗，其后，领主几易其人。河套及乌拉山前后终为蒙古游牧之地。

顺治设旗　康熙亲征

1644年，清朝入关。由于元代后裔蒙古乌拉特部在清朝完成统一大业的战争中为大清开疆辟土立下汗马功劳，1648年，清廷设乌拉特三旗：封鄂班为镇国公，掌乌拉特前旗，授札萨克；封图巴为镇国公，掌乌拉特后旗，授札萨克；封巴克巴海为辅国公，掌乌拉特中旗，授札萨克。同时划定河套以北、阴山南北、乌拉山前后为三公旗的驻牧之地。自此，乌拉特蒙古

部族从呼伦贝尔移居河套，乌拉特前旗开启旗治之路。

清代在蒙地实行盟旗制，乌拉特前旗辖域除隶属乌兰察布盟外，西南部河套地区隶属伊克昭盟。1760年，因塞外人口日增、垦务日繁，清廷在口外设厅，乌拉特前旗属萨拉齐厅西部地。从此，乌拉特前旗开始实行"旗不管汉、厅不管蒙"的蒙汉分治制度。1903年，清廷在旗境大佘太设五原厅，乌拉特前旗归五原厅辖领。

1690年，厄鲁特蒙古准噶尔部首领噶尔丹举兵反清，攻打喀尔喀部及漠南蒙古，康熙皇帝御驾亲征，并命乌拉特三旗出兵驻防归化城。1691—1698年，乌拉特三旗先后参与了征剿巴图尔额尔克济农、征剿噶尔丹、镇压准噶尔部等战役。

清朝中期，蒙古贵族开始放垦土地，乌拉特三旗也于1765年将黄河沿岸牧地出租放垦。至此，黄河两岸、乌拉山南北的牧场逐年减少。为了保护草牧场，1906年以后，这里相继发生了吴坝、三湖湾抗垦事件。

1911年，清政府垮台，乌拉特前旗归五原厅管辖。北洋政府统治以后的1913年，乌拉特前旗由绥远特别行政区管辖。1925年，乌拉特前旗由大佘太设置局管辖（1931年

8月，改为安北设置局）。中华人民共和国成立后，乌拉特前旗一度归乌兰察布盟、包头市管辖，现由巴彦淖尔市管辖。

民众起义 惩杀洋人

鸦片战争以后，帝国主义列强掀起了瓜分中国的狂潮，中国逐渐沦为半殖民地半封建社会。随着帝国主义侵略势力的扩张，宗教、文化渗透同步进行。1898年，美籍瑞典人费安河等五人进入大佘太、扒子补隆（今新安镇）等地传教。他们先住在蒙古包，后筑茅庵作为礼拜堂讲经传教。他们蒙汉语兼通，着当地服饰，随当地习俗，借以拉拢百姓，广招信徒。

1900年6月，义和团运动波及内蒙古西部。义和团在河套以及乌拉山南北地区设神坛、教神拳，号召群众反对洋教。1900年7月，蒙汉群众数千人聚集在义和团的旗下，向洋教堂发起猛攻，烧死教主韩默理及其他四名传教士，打死打伤教徒百余名，扒子补隆教主费安河见势不妙逃往俄国。

1901年，清政府与英、美、俄、日等国签订了丧权辱国的《辛丑条约》，费安河从俄国返回扒子补隆，在美国的支持下强迫清政府将扒子补隆附近的42500亩土地赔偿给他。其后，费安河在扒子补隆建

城堡、修水渠、种田地、传洋教，大发其财。

民国风云　恩克抗争

"十月革命一声炮响，给我们送来了马克思列宁主义。"在"十月革命"和"五四运动"的影响下，出生于西公旗（今乌拉特前旗）的蒙古族青年恩克巴雅尔搞宣传、组队伍，与反革命势力进行了殊死的斗争，献出了年轻的生命。

恩克巴雅尔出生在西公旗伊克阿拉塔沁苏木勃鲁珠亥的一个贫苦牧民家庭，13岁离开宫其格老师后进入衙门担任笔帖式。晋升为衙门笔帖式长以后，他赶赴北京担任蒙藏院文书。在京期间，他接触到了马克思主义，目睹了"五四运动"，决心返回故乡宣传革命。

1922年和1924年，他两次秘密前往喀尔喀蒙古部，见到了乔巴山和苏联驻蒙特使。回乡后，他积极发动蒙汉群众，并向他们宣传革命。1925年10月，"内蒙古人民革命党"（即"内人党"）成立后，恩克巴雅尔及其领导下的革命者加入了"内人党"。"内人党"中央移驻西公旗后，在乌日图高勒庙筹建内蒙古人民革命军军官学校。随后，恩克巴雅尔受"内人党"中央的委托组织了由200多人参加的人民革命军，争取和改编了乌拉特三公

乌拉特前旗政府印（民国）

旗防卫军一个团，使两支队伍成为人民革命的骨干力量。

"四一二"反革命政变以后，白色恐怖笼罩全国，反动势力十分嚣张。西公旗协理额尔和道尔吉与绥远省都督相互勾结，密谋除掉恩克巴雅尔和他的革命军。恩克巴雅尔率领革命军与敌人展开了殊死战斗。在寡不敌众的情况下，1928年农历七月十六，恩克巴雅尔决定从梅力更庙起程将部队转移到蒙古人民共和国，沿途遭到了西公旗、中公旗反动军队的围追堵截。1928年农历七月二十，恩克巴雅尔率部抵达中公旗恩格庙时，部队被包围，在掩护突围的战斗中，恩克巴雅尔中弹牺牲，时年27岁。

全民抗战　浪潮汹涌
垦区工委

乌拉特西公旗是中国共产党开展活动较早的地区。1935年初，中

四系铜质扁壶（近现代）

国共产党绥远特委就在西公旗前口子成立了由黎晓初等八名同志组成的党小组，并组织了一个排的武装力量。1935年4月，东北流亡民众在安北县扒子补隆建立垦区，中共中央北方局派苏梅、陈钟等共产党员建立垦区特支。1936年，又先后在扒子补隆垦区设中共绥远工委和垦区工委。到1937年抗日战争全面爆发前，垦区发展了200多名共产党员。抗战爆发后的1937年10月19日，垦区工委组织起一支由250多人组成的抗日民族先锋总队，并开赴前线抗击日本侵略军。

中滩抗战

中滩位于乌拉特前旗黄河与三湖河之间的洼地。日本侵略军占领中滩后，中滩地区的群众有的逃往今鄂尔多斯一带，有的逃进乌拉山的深山老林。

为了组织中滩地区的蒙汉群众抗日，1938年6月，中共绥蒙工委派军事部长于占彪等同志进驻中滩，来到了马二圪旦村。由于人地两生，再加上国民政府的反动宣传，蒙汉群众不敢与于占彪等同志接触。于占彪首先向房东窦二仓讲解共产党八路军的政策，宣传共产党的抗日主张，并通过窦二仓物色了一些基本群众，为发展和建立人民武装奠定了基础。为了把逃往乌拉山的蒙古族同胞接下山，于占彪想方设法与旗政官员、蒙古族上层人士取得联系，使他们下山归乡，为抗日救国出力。看到中滩地区抗战的星星之火已经点燃，于占彪便组

窦二仓（又名窦文林）

织成立了一支由130多人组成的抗日游击支队，窦二仓任支队长。1939年春，中共包固工委和窦支队从马二圪旦村、黑柳子村、丁家圪旦村迁往王应奎村，并将步兵改为骑兵。1940年春节，日本侵略军进攻河套地区，窦支队奉命撤往今鄂尔多斯地区。随后，部队撤回延安，改编为陕甘宁边区骑兵旅骑二团。中滩播下的革命火种为抗日战争的胜利做出了贡献。

抗日救国后援会

日本侵略军占领大佘太后，安北县东部和西公旗沦为敌占区。安北县政府迁往扒子补隆。为了领导蒙汉人民开展抗日救亡运动，1938年6月，共产党员郭北宸等赴安北县

于占彪在部队讲话

郭北宸

土默淖建立党支部。其后，中共河套特委又派赵化南在安北县建立特委、县委。其时，安北县下设2个区委、6个支部，发展党员70多名。在安北县委的领导下，为了扩大抗日民族统一战线，组织成立了安北各界民众抗日救国后援会。后援会成立后，为抗日武装筹粮草、做军服、搞慰问，有力地支援了本地区和其他地区的抗日斗争。

"女王"的抉择

1936年9月西公旗"石王"石拉布多尔济离世后，西公旗末代福晋奇俊峰执掌旗务。中共绥蒙工委军事部长于占彪为发展壮大抗日民族统一战线，于1938年夏会见了奇俊峰，动员她以中华民族抗日大局为重，率领蒙旗人民开展抗日斗争。

在中国共产党的影响下，奇俊峰于1939年3月毅然摆脱日伪军的控制，投奔第八战区国民党骑七师师长门炳岳，成为抗战时期蒙旗第一个奋起抗战的"女王"。

大佘太沦陷

卢沟桥事变以后，日本帝国主义发动了大规模的侵华战争。1937年10月，京包铁路沿线重镇全部失守。继10月17日日军侵占包头、西公旗、中滩、公庙子之后，10月18日，杨德山团的伪军占领了安北设置局大佘太。1938年腊月二十九，驻守后套地区的国民党军门炳岳部乘伪军过春节不备突袭大佘太，全歼杨德山团伪军，杨德山只身逃脱。

1938年4月5日，日军出动汽车、装甲车、飞机并2000多人突袭大佘太，中国守军浴血奋战后被迫撤出。日本侵略军占领大佘太后，当即进行了大屠杀，杀死军民400多人。随后，日军退守包头。

1939年4月15日，日本侵略军第三次占领大佘太。沦陷后的大佘太以及明安、小佘太、乌拉山南的蒙汉人民饱受日伪军的奸淫烧杀，蒙汉人民在水深火热中祈盼着民族的解放。

寻访遗迹　凝思古今

HUASHUONEIMENGGUwulateqianqi

寻访遗迹　凝思古今

XUNFANGYIJININGSIGUJIN

悠久的历史、丰腴的土地、辽阔的草原、奔涌的黄河，吸引着先民走向这里，在这方宝地上留下了众多的关隘驿道、城阙古刹……

岩画凝思　城阙寻踪

悠久的历史、丰腴的土地、辽阔的草原、奔涌的黄河，历朝历代的帝王将相视乌拉特草原为掌上明珠。为了争夺这块风水宝地，他们或驻军屯垦，或纵横厮杀，上演了一幕幕气势恢宏的历史大剧。朝代更迭，幕起幕落，留下了众多的关隘驿道、城阙古刹，引后人遐思、感慨……

书写在峭壁上的"史书"
——阴山岩画

雄伟壮丽的乌拉山、白音察汗山、查石太山宛如三道天然屏障横亘在乌拉特前旗东部。在千万年的历史变迁中，三山在孕育了许多部

阴山岩画（新石器时代）

小佘太阴山岩画

阴山岩画——北山羊群图（新石器时代）

落和民族的同时，承载了远古人类　　全国重点保护文物。

对自然的敬畏、对文明的追求、对　　　　乌拉特前旗辖域发现岩画最为

生活的希冀。凿刻在三山峭壁上粗　　集中的地方位于乌拉山海流斯太，

犷浑厚的岩画统称为阴山岩画，是　　此处有1500余幅岩画。其次为查

烽燧（秦、汉）

阴山岩画——马图（新石器时代）

石太山秦长城北侧600～800米处的 4处70余幅岩画。这些岩画的风格

阴山岩画——人骑狩猎图（新石器时代）

阴山岩画——牧羊图（新石器时代）

迥异，内容有猎狐、猎熊、放牧、舞蹈、太阳、星星、动物群、骑马人、野猪群、盘羊、老虎、车辆等，反映了新石器时代到青铜器时代游牧民族原始的生活场景，反映了远古人类对自然界的模糊认识以及幻想。镌刻在三山岩壁上的图像符号，虽然经历了千万年的沧桑巨变，但却勃发着强烈的生命气息，它如同甲骨上的刻字、青铜器上的铭文、陶器上的刻绘符号，向人们述说着已经逝去的历史。

"秦直道"上的九原城
——三顶帐房古城

三顶帐房古城为自治区级文物保护单位，位于黄河以北、乌拉山以南的先锋镇城壕村东侧。古城由夯土筑成，城墙残高3～6米，四角筑有角楼。城内到处散布着青灰色、白灰色陶片，残片纹饰有绳纹、弦纹、压印文、暗纹、水波纹等，并发现细绳纹青砖、穿孔陶纺轮、兽纹瓦当、筒瓦、板瓦等残片。古城发掘出了三足铁鼎、汉五铢钱、石臼、铁锅残片、石环等器物。据专家考证，三顶帐房古城就是赵武灵王西击林胡、楼烦时所修建的军事城堡——九原城。秦统一六国后，命大将蒙恬率30万大军修筑"秦直道"，从陕西淳化一直修到九原城，秦始皇在河北病逝后，其灵柩绕道九原，经"秦直道"返回咸阳。汉武帝即位后，西

已发掘的汉墓

已发掘的汉墓

已发掘的汉墓

汉墓

汉又在三顶帐房设置五原郡城。708年，唐朝朔方大总管张仁愿又在三顶帐房设置中受降城。随着历史的演进，"秦直道"上的九原城车辚辚、马萧萧的场景已经逝去，但九原城的残垣断壁和荒滩野冢却为我们留下了厚重的历史。

关隘上的古城
——光禄塞

在小佘太镇查石太山南麓的深山幽谷中，有一座沉睡了2000多年的古城——光禄塞。光禄塞古城北坡有秦长城阻隔，城南有河水流过，古固阳道由此北上，南出可达五原郡，出石门障经包头可达中原，是兵家必争的咽喉要地。光禄塞古城是秦长城的侯城，由光禄勋徐自为受汉武帝之命于前102年修建。该城东西宽240米，南北长315米。相传，昭君出塞后曾途经此地并在此居住8年，育有一子。

"六镇"之首
——沃野镇古城

386年，鲜卑人拓跋珪建立了

沃野镇古城遗址简介

北魏王朝。柔然民族兴起之后，北魏为了防御柔然侵袭，在内蒙古西北部设沃野、怀朔、武川、抚冥、柔玄、怀荒六镇。六镇由西到东按顺序排列，沃野镇自然成为六镇之

沃野镇古城遗址城砖（北魏）

沃野镇古城遗址（北魏）

首。沃野镇经历了三次搬迁。第一次是在汉代沃野县古城设镇（今磴口县境内）。第二次是486年东移到汉朔方县古城（今三湖河一带的黄河南岸）。第三次是504年后，因沃野镇偏南与其余五镇不平齐，不便东张西望，便将其迁往今苏独仑镇根子场附近。沃野镇古城现为全国重点文物保护单位。

唐代名城——天德军城

烟波浩渺的乌梁素海淹没了唐代名城——天德军城。城因人而名。据《元和郡县志》记载：753年，唐朝名将郭子仪、安思顺修筑天德军城。该城位居大同川（今明安川）中。此城修筑后，以东城、西城、振武城为左翼，以丰州城、定远城为右翼，南制党项，北制匈奴，左右牵制，把守要隘。755年，"安史之乱"发生以后，唐玄宗急调大将郭子仪平息。郭子仪率军南下后，留老弱于此城，安禄山的部将焚毁城池，杀尽城民。814年，在原址重建天德军城，但却于1933年被洪水淹没在乌梁素海之中。

汉河目县故址
——陈二壕古城

汉武帝即位后，国势日盛。前

陈二壕古城遗址（汉）

127年，武帝派大将卫青领兵出云中、过九原、袭楼烦、战白羊，夺取了河南地。次年，又派将军苏建率10万人筑朔方城。随后，设五原郡，河目县归五原郡辖领。河目县故址位于乌拉山西北、乌梁素海东南，今额尔登布拉格苏木陈二壕

陈二壕古城遗址（汉）

张连喜店古城遗址（战国、汉）

村。古城呈方形，四角有角楼，城东西宽350米。陈二壕古城发掘出新石器时代石斧、石纺轮、铁剑残片、汉五铢钱等文物，证明新石器时代即有人类居住在此。

汉广牧县故址
——东、西土城古城

在乌拉特前旗西小召镇东土城火车站南约3000千米处，有一建于汉代的城池残垣。城池由夯土筑成，城内散落大量的灰陶片、粗绳纹青砖残片等。据史料记载，该古城即为汉代广牧县城故址。

西安阳县故址
——张连喜店古城

乌拉特前旗原宿荄乡张连喜店村东，有一处建于赵国时期的古城残垣，古城北墙长1100米、宽60米，城东墙长1170米。该古城东北角为圆形，是为了在战时观察敌情、有效发挥兵力优势而特意设置的形制。据考证，这座古城是赵国西安阳古城。作为赵长城最西端的古城邑，西安阳古城扼乌拉山西端，占据此地可断绝水陆交通，属兵家必争之地。

长城狼烟 古迹寻踪
苍莽的乌拉山赵长城

战国时期，各国之间的战争打得难解难分。为了加强防御，各国不惜动用大量的人力、物力修建长城。乌拉特前旗乌拉山南麓的赵长城就是赵武灵王西击楼烦、林胡，取河南地，占据整个阴山以南区域后，于前229年开始修建的。

赵长城东起代王城（今河北张

乌拉山赵长城（战国）

乌拉山赵长城（战国）

小佘太段长城（秦、汉）

家口境内），沿大青山西行，经包头市石拐、昆都仑、沿乌拉山向西北折入阴山至高阙（乌拉山与狼山间的缺口处），长650千米。秦始皇修建秦长城时，曾利用了这段长城。赵长城遗址现为自治区级重点文物保护单位。

蜿蜒曲折的查石太山秦长城

查石太山秦长城是全国重点文物保护单位，位于小佘太马鬃山

小佘太段长城（秦、汉）

小佘太段长城（秦、汉）

北中腰处，依山而建，并随山的走向南北弯曲。城墙高5~7米，顶宽2.3~2.4米。城墙由石块垒成，断面多见片石里外叠压，上下之间用沙土取平。秦始皇修长城时，将赵、秦长城连接，经固阳、小佘太、大佘太、乌不浪口、石兰计、乌拉特后旗至甘肃临洮，至此，西起临洮，东到辽东半岛的万里长城建成。

英雄豪杰 叱咤风云

HUASHUONEIMENGGUwulateqianqi

英雄豪杰　叱咤风云

YINGXIONGHAOJIECHIZHAFENGYUN

英雄背纤，豪杰印痕。五千年的历史长河溅起的朵朵浪花映出了秦皇汉武的英雄壮举。

南邻黄河，北控大漠，乌拉特前旗独特的地理位置吸引着我们的先民举着火把从远古走来。于是，远古的航道上，白帆点点，舟楫轧轧；历史的长河中，英雄背纤，豪杰扬帆。

远古航道　历史纤绳
赵武灵王胡服骑射

赵武灵王（前340—前295年），名雍，战国中后期赵国国君。赵武灵王的父亲去世后，楚、秦、燕、齐、中山等国对赵国虎视眈眈。赵武灵王面对压力，也为了雪鄗城战败之耻，下令着胡服、习骑射、汰战车、改革军备，赵国实力日渐强盛。前300年，赵国开始向西北拓展领土。赵在北破林胡、楼烦两大部落后，在乌拉特前旗三顶帐房设置九原县，修筑了东起于代王城，经云中、九原直到高阙长达650千米的赵长城。与此同时，还在黄河西岸移民屯垦。赵武灵王的举措巩固了边疆、促进了南北融合，并首次将中原的农耕文明引入旗域，推动了河套地区社会生产力的发展。

秦始皇横扫匈奴

秦始皇（前259—前210年），嬴姓，赵氏，名政，首次统一华夏，是秦王朝的第一位皇帝。前230—前221年，秦王嬴政采取合纵连横的策略灭掉六国。活跃在北方的匈奴部落乘中原战乱，越长城、跨黄河，占领了河套以南地区，直接威胁着秦都咸阳的安全。前215年，秦始皇以蒙恬为帅，统30万大军北击匈奴。夺取河南地的第二年，又占领了黄河北岸、阴山以南地区，建县城34座，并在赵九原县置九原郡，统领34县。以后，秦又攻取高阙、北假，匈奴迫于压力北退350千米。

秦为了巩固疆域，将原秦、赵、燕三国所筑长城重新修整，建成了西起临洮、东到辽东半岛的万里长城。为了解决大军给养问题，前214年、前211年又两次押解战俘和罪犯到乌拉山后的北假、山前的九原郡等地进行屯垦。前210年，秦始皇病逝于河北沙丘，赵高、李斯运尸绕道九原郡往咸阳，并假传圣旨，杀害了率30万大军坐镇九原、统领北方郡县的蒙恬和扶苏。始皇帝生前一生征战，故去魂归河套。

汉武帝巡察边地

刘彻（前156—前87年），16岁登基，在位54年，史称汉武帝。汉武帝继位以后，继续推行养生息民的政策，国力日盛。为了解除匈奴对西汉王朝的威胁，前133—前119年，武帝命大将卫青、霍去病为主帅，围绕匈奴的战略中心九原郡先后发动了九次大的战役。前127年，武帝又派大将卫青、将军苏建经九原至陇西击败匈奴楼烦、白羊二王，收河南地，置朔方、五原郡（即秦九原郡所在地）。五原、朔方郡辖的26县中，有7县属乌拉特前旗。前110年10月，汉武帝率大军18万，从长安经秦直道抵达五原郡，又从石门障过光禄塞、出秦汉长城巡察边地。其后，汉武帝增修城障，筑五原塞外列城，设田官，

命60万士兵屯田戍边。雄才大略的汉武帝跨石门、越阴山、出长城，开创了西汉王朝的鼎盛局面。

昭君出塞 胡汉和亲

王昭君，名嫱，汉元帝宫女，湖北秭归人。"五单于争位"事件发生以后，匈奴各部纷纷自立为单于。匈奴冒顿单于的第六代孙呼韩邪单于遭其长兄左贤王攻打而战败，率部南下五原塞，并向汉宣帝示好。前51年，呼韩邪单于沿五原塞、朔方到达甘泉宫，受到汉宣帝召见。其后，呼韩邪单于主动要求居光禄塞保受降城。前49年，汉元帝继位，呼韩邪单于再次觐见天子。汉元帝除给呼韩邪单于调粮赈灾外，还将"入宫数岁，不得见御"的王昭君送予其为妻，并封昭君为"宁胡阏氏"。

昭君出塞，从山西平定县经鸡鹿塞、过受降城到达光禄塞。相传，昭君在光禄塞居住八年。昭君出塞，结束了100多年的匈汉争斗的局面，出现了"边城晏闭，牛马布野，三世无犬吠之警，黎庶亡干戈之役"的祥和局面。

郦道元
——岩画记载第一人

郦道元（？—527年），今河北涿州人，北魏地理学家。郦道元从少年时起便有志于地理学的研究。

幼时，随父访寻水道，游历名山大川，收集历史故事、神话传说。其后，他在任骑都尉、冀州长史、鲁阳君太守等职期间，游历了中原以及内蒙古等地，撰写了40卷本的《水经注》。在《水经注》中，他第一次记录了阴山岩画准确的位置。也正是凭借《水经注》中的记载，现代著名学者、岩画家盖山林先生在巴彦淖尔市的崇山峻岭中发现了岩画。

郭子仪筑天德军城

郭子仪（697—781年），今陕西华县人，唐朝名将，历武则天、中宗、睿宗、玄宗、肃宗、代宗、德宗七朝。唐天宝初年以武举补左卫长史、天德军史兼九原太守，后官至兵部尚书、太尉兼中书令。

753—755年，作为天德军史兼九原太守的郭子仪和唐将安思顺在今乌拉特前旗乌梁素海东侧土城子建天德军城，其后，驻守该地。755年，"安史之乱"爆发，安禄山的军队西进直逼潼关。唐玄宗调驻守天德军城的郭子仪征剿叛军。郭子仪率大军离开天德军城后，城内仅剩老人、妇女和儿童，安禄山的部将宋星星屠城，全城老幼无一幸免。"安史之乱"平息后，郭子仪在原址重建天德军城。其后，原址被洪水淹没在乌梁素海之中。天

德军城淹没湖底，唐代名城从此泯灭，而郭子仪作为一代名将被后人传颂。

移民实边　保疆安境

乌拉特前旗的移民实边政策可以追溯到战国时期。赵国辖领九原后，开始在黄河西岸移民屯垦，在解决驻军粮草问题的同时，将农耕文明引入草原。前214年、前211年，秦"徙北河榆中三万家，实边九原郡、北假等地区"。汉朝以后，武帝又于前119年移民70万充实北方诸郡。据史书记载：汉武帝期间，从五原到朔方，农田毗连，水渠交错，田禾丰登。汉朝灭亡直到明朝初期，大规模、有组织的移民实边因战乱和北方少数民族的强大而告一段落。明朝中期以后，明王朝又在山西进行了18次规模较大的移民。背井离乡的移民离开山西洪洞县的大槐树，经杀虎口北上进入河套，成为"走西口"的人。清中叶，乌拉特三旗开始放垦，晋、陕、冀、鲁等地"走西口"的人大批涌入河套地区。移民实边作为一种保疆安边的有效措施，在被三国时的曹魏政权推广之后，历朝历代竞相效之，屯垦事业随着时代的发展也在不断推进。19世纪70年代，左宗棠收复新疆以后，新疆等地出现了"大将西征人未还，湖湘子弟

满天山"的局面。边疆地区的开垦与发展，对于中原地区的发展和边疆地区的稳定起到了十分重要的作用。中华人民共和国成立以后，为了定国安邦，王震将军在新疆成立了新疆生产建设兵团。其后，在内蒙古、黑龙江、云南等地也建立了生产建设兵团。生产建设兵团将屯垦与戍边融为一体，平时垦殖，战时参战，将各类驻屯人员的作用发挥到了极致。

云中道
——最早开辟的官道

赵武灵王两次打败林胡、楼烦后，设九原和云中两郡。因筑长城调军队、运粮草需要道路，赵武灵王开辟了西至九原、云中，南过黄河，经榆中至咸阳的云中道。

云中道的开辟，不仅为军事所用，也使南北方的经济文化得到交融发展。

国防高速公路的始祖
——秦直道

秦始皇统一华夏后，为了加强秦王朝对西北河套地区的掌控，于前212年，"使蒙恬除直道，道九原，抵云阳，堑山堙谷，千八百里，数年不就"。

蒙恬率兵抵达河套南北后，自榆中沿河修筑了44座县城。蒙恬的30万大军需要粮草，新建县城需要

物资，修筑长城也需要大量的后勤补给，在这种情况下，修筑了具有国防高速公路性质的秦直道。

秦直道南起云阳县（今陕西淳化县），北经今旬邑县，入甘肃正宁县上子午岭主峰，经陕西定边、靖边入鄂尔多斯北上，达九原郡，长450千米，宽22米。

秦直道的修筑，打通了大秦军队北调、草原游牧民族南下的通道，促进了农耕文化与草原游牧文化的相互融合。

风云人物 浩气长存
罗布森活佛著述等身

罗布森丹碧佳拉森（1717—1766年），俗名梅日根巴特尔，蒙古族，梅力更庙三世活佛。

1722年，西公旗王爷达尔玛什里令旗府和梅力更庙合作寻找去西藏拜访五世达赖和班禅的人选。经严格考核，时年五岁的梅日根巴特尔被请入梅力更庙受戒，成为该庙三世活佛。他在梅力根庙学习了汉、蒙、藏、梵、朝鲜、维吾尔等文字，并熟练掌握。1743年，他赴五台山拜见章嘉呼图克图活佛，学完了蒙古文佛典。1746年，他赴印度尼兰塔拉寺学习"五大学术"和"十小学术"；同时，又学习和掌握了印度、尼泊尔等语言文字。经过在印度的十年学习，1756年，他

在500罗汉（博士）答辩中获"班智达"学位。

荣归梅力更庙后，他改藏文传教为蒙古文传教。随后，又出版了《蒙文语法》《蒙医翻译词典》《慕那山植物药》《慕那山动物药》等几十种专著。1766年农历五月初一，49岁的罗布森丹碧佳拉森活佛在梅力更庙逝世。

王锦云英勇献身

王锦云（1916—1950年），男，汉族，原籍陕西省延安县。1935年入党，1936年1月随红军东渡黄河，先后转战陕晋绥蒙地区，多次身负重伤。

1950年1月，安北县人民政府成立，王锦云担任副县长。1950年4月，王锦云从北京调任安北县生产建设工作团副团长。刚刚解放的安北县，匪特猖獗。王锦云到任后，深入农村调查研究、组织生产、调地减租。1950年5月4—15日，安北县各界人民代表会议分别在新安镇和大佘太镇召开。5月15日，王锦云与秘书、警卫员赴大佘太镇主持会议。5月21日，王锦云与秘书、警卫员在回安北县政府的途中，被国民党特务杀害，年仅34岁。

刘英士倾心办学

刘英士（1888—1951年），女，汉族，祖籍山西，生于安北县西小召。1938年，一些偶然因素坚定了刘英士办学的决心。她腾出了自家的土房，拿出自己大半生靠种地、纳鞋底等积攒的钱作为办学基金，聘请教师讲学。刚开始，学校仅有一二十名学生。为了吸引更多的农家子弟读书识字，她的学校不收学费，每生每月仅收八升至一斗二升糜米的口粮，蔬菜由刘英士供给。每遇灾年，她还为贫困生垫支口粮。因办学经费短缺，她多次赴安北、五原、临河等地募集。1946年，她携带干粮徒步赴呼和浩特市寻求资助。当时的《绥远省报》报道了她的事迹，称她为"西北的女武训"。时任绥远省主席的傅作义接见了她，并为其解决了办学经费。全国解放后，学校改名为安北县第五完小，刘英士担任校长一职。

张芝贵"抗渠抗粮"

张芝贵（1915—1968年），男，汉族，原籍山西省河曲县，1934年随父逃荒到安北县大昌汉村。

1938年冬，共产党员赵化南、郭北宸等来到东湾子后，通过张芝贵联系和组织了十几名青年农民办起了识字夜校，培养、扩大党的组织和抗日力量。这年冬天，张芝贵成为安北县的第一个农民党员。在他的影响下，其妹也加入党组织，并被派往五原县搞地下工作。

1939年夏，安北县官吏豪绅

以抵抗日本侵略者挖战壕为名，要求农民义务开挖长济渠，实质上是为了方便他们的土地灌溉。中共安北县委抓住这一事件，发动群众惩治贪官污吏和地主豪绅。张芝贵发动各村群众开展抗挖渠斗争，迫使安北县政府收回"开挖战壕"的成命。同年秋，安北县政府又下令增加征粮数量，各乡也借机增加数量以便从中盘剥。张芝贵率人赴县政府请愿失败后，发动群众抗缴征粮。其后，县政府慑于群众压力，对未缴征粮的农民未加追究。1940年1月，张芝贵等人南过黄河参加八路军。一年后，张芝贵返回东湾子从事党的地下工作。1941年12月，中共安北县党组织遭到严重破坏，张芝贵被敌人逮捕。为了保守党的机密，张芝贵在敌人的威逼利诱和严刑吊打下大义凛然，拒不开口。敌人未从他身上找到任何线索，后被保释出狱。

王爱支持革命

王爱（1893—1968年），男，汉族，原籍陕西省府谷县，1920年走西口到安北县小东淖村。

1938年，中共安北县委主要领导人郭北宸等在安北二区从事地下工作。在他们的影响下，王爱的家成为地下党组织的秘密活动据点，王爱也成为党的支持者。他经常为

党的组织活动站岗放哨，传递情报。1942年，中共安北县党组织遭到严重破坏。在白色恐怖笼罩的险恶形势下，李石英等共产党员受到了王爱一家的保护，躲在他家土豆窖中一月有余，后安全转移到了延安。

李石英等共产党员走后，王爱及其长子被关入国民党监狱备受折磨，但他毫不畏惧，敌人始终未能从他的口中得到一丁点有用情报。

周二虎开"点铁成金"

周二虎开（1904—1966年），男，汉族，生于山西省定襄县。14岁学铁匠，26岁从山西迁入乌拉特前旗。1957年，公庙子乡成立农机修配厂，周二虎开担任厂长。修配厂的产品"三绝"——刃快、裤牢、成本低。周二虎开精熟铁匠手艺中的加钢、锻打、淬火工艺，打制的开刃的刀具刃口锋利，打制的安把刀具裤口角度恰当，如用电焊焊接般牢固。1957—1965年，周二虎开年年被评为旗级劳模；1958年、1959年被评为盟级劳模；1959年、1960年又被评为自治区级劳模。

热西扎木苏悬壶济世

热西扎木苏（1912—1976年），男，蒙古族，生于乌拉特前旗。1919年，七岁的热西扎木苏在公庙子当沙弥，开始学文化、研佛经。1933年，他跟随叔父学习医

术。中华人民共和国成立以后，他当上了地方医生。1952年，他将农牧区分散行医的医生组织起来，采取集资入股的方式在呼和苏木建起了全旗首家地方医院。为了提高其医疗技术水平，旗里选送他外出学习，而后，他成为全旗蒙古族第一个有蒙医医师职称的医务人员。

1961年，热西扎木苏克服重重困难，在旗医院建起了蒙医科。在几十年的行医实践中，热西扎木苏形成了独具特色的医学理论，他的医术也日渐高明，他热心为患者服务，受到了患者的尊重与好评。

余占海引种枸杞

余占海（1923—1969年），男，汉族，出身贫苦，当过长工。被绥西联军抓壮丁后，开小差返回先锋镇陈河鱼村。中华人民共和国成立后，他拥护共产党，与八户贫农组织成立了绥远省西部地区第一个农业生产合作社，并被评为绥远省一级劳模。1961年、1962年，被评为自治区级劳模，并先后两次赴京参加国庆观礼。1965年，余占海从宁夏背回枸杞苗开始试种。到现在，先锋镇以及周边地区已将枸杞种植纳入了农业产业化发展范畴，余占海引种的"红果果"已经成为当地农民增收致富的"发财果"。

张过计造林治沙

张过计（1904—1980年），男，汉族，1934年随父迁入乌拉特前旗西小召镇布袋口子村。苦于风沙侵害，中华人民共和国成立后，他开始在居住地造林治沙。1953年，他卖掉家中仅有的财物购买树苗，带领全家在沙丘、碱地上栽树。到1959年，张过计造林成活150多亩，固沙1000多亩，后被吸收为西山咀林场合同工。张过计为造林固沙奋斗了30年，植树30000多株，固沙4000多亩，他留给后人的是一片绿荫、七张奖状和三枚奖章。

先锋枸杞

多元文化　嬗变传承

HUASHUONEIMENGGUwulateqianqi

多元文化　嬗变传承

DUOYUANWENHUASHANBIANCHUANCHENG

草原文化与黄河文化的传承与嬗
变，蒙元文化与河套文化的碰撞与融
合，形成了以豁达、开放、包容、向上
为主要特征的乌拉特文化。

乌拉特文化是在特殊的地理环境中孕育的。在母亲河的臂弯里，散落着沙漠、高山、大川、草原、农田、湖泊等，它们共同构成了独特而又复杂的生态聚合体。这种多样性的地形地貌、植被状况、气候条件，孕育了乌拉特文化。

乌拉特文化以游牧文明和草原文明为显性特征。自古以来，河套地区就是多民族聚居区。在这块广袤的土地上，先后有鬼方、猃狁、匈奴、党项等民族生存繁衍，游牧文明与草原文明在冲突、撞击、交融中，形成了和谐统一的地域文化。

乌拉特文化是在战争中催生的。七国争霸以来，黄河流域，几度桑田、几度牧场；长城内外，几番征战、几多白骨。忽而昭君辞宫、公主和亲，忽而番王来朝、纳贡称臣。在守地拓疆的轮番征战

中，促成了乌拉特文化的诞生。

农耕文化与游牧文化的撞击丰富了乌拉特文化的内涵。赵武灵王九原设县后，将中原地区的农业文明引入河套地区。其后，历朝历代的移民实边以及蜂拥而来的走西口的人们，使河套地区成为中国历史上农业文明和草原文明碰撞最为集中、交流最为频繁、融合最为广泛的地区，乌拉特文化在内涵得到丰富的同时，外延也得到了拓展。

乌拉特蒙古部族的迁入，使乌拉特文化的内涵更加丰富。1648年，元太祖的胞弟哈布图·哈萨尔的第十五世孙布尔海受清政府之命入驻乌拉山南北及河套地区。由此，乌拉特大地成为乌拉特三公旗的猎牧之地。历史上的四次放垦，使陕、晋、冀等地的人们迁徙到了河套，蒙汉交流进一步密切。各民族在生产、生活、文化等方面的兼

容，为乌拉特文化的形成和发展创造了特殊的氛围。

蒙元文化、河套文化是中华文化的重要组成部分，是人类和自然界长期共处的智慧结晶。对乌拉特文化的传承，有利于各民族的团结，有利于国家的繁荣昌盛，有利于中华民族的伟大复兴。

旗语构建 一枝独秀
乌拉特蒙古部族的形成

乌拉特蒙古部族是蒙古诸部之一，是元太祖成吉思汗的胞弟哈布图·哈萨尔的第十五世孙布尔海的嫡系后裔。乌拉特系蒙古语，"乌拉"即蒙古语"乌仁"，是在蒙古语言语法规则中连接表示多数的名词格"特"时发生的音变词，其意是"能巧"，加上表示多数的名词格"特"后，则是"能工巧匠们"之意。因此，乌拉特蒙古部族则是"能工巧匠聚集之部落"的意思。《蒙古源流》一书中记载，金汪古部第三代首领囊古特乌兰昌贵被擒后，因其精于手工技艺获头衔"斡冉"，"斡冉"即"巧""工匠"之意，"斡冉"音转"乌拉"则为"能工巧匠"也。

《绥远通志稿》称："元太祖、世祖之平诸部，每得一地，辄拔其壮丁及百工技艺之人，以编隶属于子弟群众暨诸将校，俾统率之，而成一族。迨从征既久，则昔之选拔而来者，渐成不可离之部曲。厥后主将受封或食邑某方，或赐牧某地，则昔之部曲相随者，遂变为永世隶属之部民矣。于是此部称号，即往往以所统种族之名以为名。……不过元代成功时，概以蒙古一语括之，遂使多数部族人民，悉泯然忘其名称所由来，此皆历史简略与夫语言制度之融化驱策有以使然也。"由此看来，元太祖、世祖不但器重谋士将才，也非常重视百工技艺之人，乌拉特蒙古部族是在蒙古铁骑驰骋沙场、征服他邦之地时为其铸造坚甲利器、车辆辐辏的铁匠、木匠、银匠聚集之部落，太平时期分封给哈布图·哈萨尔的属民。它同阿鲁科尔沁、四子部、茂明安、翁牛特、阿巴嘎、阿巴嘎纳尔统称阿鲁蒙古，均游牧于额尔古纳河一带。

1633年，乌拉特蒙古部族首领携大量驼、马和珍奇贵重的兽皮，率部前来后金朝贡，受到了后金朝廷的款待，并被赐金、银、丝绸和盔甲、兵器等物。是年，乌拉特蒙古部族正式归附了后金。皇太极为了更有效地直接控制和统治这些"内附"蒙古诸部，更好地巩固后方，诏令驻牧于原地（当时成吉思汗及其后来者分封的土地）的各部落向内迁移。乌拉特蒙古部族被迫离开石勒喀河与额尔古纳河之间，迁徙到呼伦贝尔草原的呼布图奈曼查干、图门乌力吉一带。

乌拉特蒙古部族归顺后金后，随大军进攻明朝，由喀喇鄂博进入得胜堡，占领大同，攻克堡三、台一凯旋，受到了朝廷赏赐。此后，又随大军征高丽、喀尔喀、锦州、松山、蓟州等地。

1648年，清廷叙战功，将乌拉特蒙古部族改编为乌拉特旗，分前、中、后三旗。时因建业有功的鄂木布、色棱已故，封图巴为镇国公，授札萨克，掌乌拉特后旗；封鄂木布之子鄂班为镇国公，授札萨克，掌乌拉特前旗；封巴克巴海为辅国公，授札萨克，掌乌拉特中旗。并诏世袭罔替，赐牧于今乌拉山、狼山一带。因乌拉特部三旗的札萨克均被清廷封公，亦称乌拉特三旗为乌拉特三公旗。他们于1652年迁徙到所赐牧地，并将驻牧于此地的艾毕日米德扎黑齐匪部追赶到喀尔喀蒙古境内，把散居此地种田的汉民也迁往长城以南闭耕放牧，在此地驻牧至今。其同四子王旗、喀尔喀右翼旗、茂明安镇（喀尔喀右翼旗和茂明安镇后合并为达尔罕茂明安联合旗）的人民共同创造了乌兰察布盟近三个世纪的辉煌历史。

为防御厄鲁特部东犯，清廷谕乌拉特三旗出兵镇守中西边关隘口：乌拉特后旗镇守昆都仑沟、五当沟（现五当召西沟），把守黄河的大树湾渡口；乌拉特中旗镇守哈达莫勒口子；乌拉特前旗镇守毛尼胡硕（西山咀），把守黄河坦盖木独渡口。乌拉特三旗札萨克同驻哈达玛尔口，分民而不分地，未划分旗界、苏木界。乌拉特前、中、后三旗依蒙古族习惯称左、中、右三翼，故根据各札萨克衙门镇守隘口的位置，称前旗为西公旗、中旗为东达公即中公旗、后旗为东公旗。

乌拉特前旗蒙古族姓氏的形成

自古以来，生息于中国北部蒙古高原的民族很多，他们的语言和生活习俗有同有异。史学家翦伯赞指出："蒙古族起源于九千年至一万年前的蒙古高原大内海人群中的蒙古语群体。"蒙古族在历史发展的各个时期，以不等的规模、不同的名号，活跃于广阔的蒙古高原。

蒙古族人的姓氏来源主要有氏族名称、部落名称、职业名称、山水地名、其他民族的名称等，其中最早出现的是氏族名称姓氏。

古代蒙古史丛书《蒙古诸王朝史纲》一书中记载：公元前7世纪左右，蒙古有九个大汗。第九个大汗额乐时期，常和塔塔尔部发生战争，每次都是额乐大汗胜。为此，塔塔尔部和被欺压的邻国联合，做了长时间的战斗准备，采用专打败仗的计策，将额乐大汗调离大本营，使其陷入埋伏圈，最后获全胜。额乐大汗的蒙古军队全军覆没，只逃出额乐大汗最小的儿子乞颜（也作"奇颜""奇渥温"）、最小的弟弟那吉斯两人。他们逃回蒙古部落大本营，带上妻儿和本部的人逃到了一座大山前，顺着小道进了山。他们上了山顶后，回头一看发现连来路也消失了。这个地方叫"额尔古纳昆"，位于今内蒙古呼伦贝尔境内。

他们在这里生息了400年，逐渐发展壮大，形成两大氏族。额乐大汗的小儿子乞颜住在山上，所以他的部落称尼鲁温蒙古，意为主体蒙古。额乐大汗最小的弟弟那吉斯住在山下，所以他的部落称迭尔列斤蒙古，意为一般蒙古。400年后，乞颜氏族和那吉斯氏族走出额尔古纳昆的时候，乞颜氏族发展为21个姓，那吉斯氏族发展为13个姓。

在上古，姓和氏意义不同。"姓"者发生于母系氏族社会，起着明血缘、别婚姻的作用，所以蒙古族同姓不能通婚。

13世纪初，乞颜氏族的成吉思汗统一了蒙古高原的48部72姓，建立了大蒙古帝国。

乌拉特蒙古部属成吉思汗的胞弟哈布图·哈萨尔第十五世孙布尔海的嫡系后裔。

《满文老档》记载："天聪七年（1633年），乌拉特部归顺后金。天聪十年（1636年），后金调查归顺的蒙古各部落的人口时，乌拉特部共1895户，50户为一个苏木，共分为38个苏木。乌拉特前旗395户，分为8个苏木；乌拉特后旗750户，分为15个苏木。"

清朝建立后规定：凡在战场上消极战斗的苏木、贻误战机的苏木机构，下属吏民分散给英勇战斗的苏木。据1933年统计：乌拉特前旗有12个苏木，乌拉特中旗有6个苏木，乌拉特后旗有6个苏木。

乌拉特前旗各苏木的起源及姓氏

伊克苏木 后成立的苏木，是战争时期的大本营。部民随札萨克公爷下营扎寨，保护札萨克公爷的安全。后部民增多，分出巴嘎苏木，成为两个苏木。他们用汉语称姓的时候，"伊克"苏木简姓为"伊"，"巴嘎"简姓为"巴"。"伊克"是蒙古语"大"的意思，"巴嘎"是蒙古语"小"的意思，所以巴嘎苏木的人也有姓"肖"的，因为"小"与"肖"谐音。

伊克阿拉他钦苏木 北元时期

属科尔沁左翼七鄂托克（鄂托克为部落）。其祖先是炼金之人。"阿拉他"蒙古语意为"金"，故以职业取姓。这个苏木的"台吉"较多，后分出巴嘎安拉他钦，成为两个苏木。他们用汉语称姓的时候都称"金"。

乌兰努德苏木　属蒙古姓氏的祖宗"乞颜氏族"和"那吉斯氏族"，是住在山脚下的迭尔列斤蒙古部的后裔。他们用汉语称姓时，姓"洪"。

哈日努德苏木　战时骑黑色的马，所以所部成为黑色马的部落。他们的汉语姓为"郝"。

何日努德苏木　战时骑枣骝马，所以所部称为枣骝马的部落。汉语简姓"贺"或"何"。

高乐苏木　蒙古语"高乐"意为中心。高乐苏木意为中心苏木。高乐苏木在战斗中起主力作用。哪里有硬仗，就派到哪里去。战时跟随札萨克公爷行动，方便调动。乌拉特三个旗都有高乐苏木。他们用汉语称姓时，姓"郑"。

焦沁苏木　蒙古语"焦沁"意为"联络"。此苏木人员少，主要完成与其他部的联络任务。他们的汉语姓为"焦"。

塔布德苏木　属科尔沁部落。北元时在科尔沁左翼七鄂托克新明安部。乌拉特部从呼伦贝尔西迁时，部分塔布德人归附乌拉特部而成为乌拉

特部落的属民。他们用汉语称姓时，姓"塔"。

都统苏木　属塔塔尔部的一个小部落，作战勇敢。古时都统部的人吹号进攻，而古蒙古语称"号"为"都统"，故此得到了"都统"的称号。他们用汉语称姓时，姓"杜"。

额吉格钦苏木　以职业形成的苏木。战时准备奶食。他们用汉语称姓时，姓"额"。

乌拉特前旗村名的来历

九份子、关牛犋、红同补隆、月盛功、窦聋圪卜……提起这一个个熟悉而又拗口的地名，即便是土生土长的乌拉特前旗人，也不一定说得清楚这些村名的由来及真正的含义。乌拉特前旗是南出北进、东来西往的交通枢纽，也是桨声帆影、舟楫轧轧的水旱码头。从新石器时代开始，先民们就在这块土地上繁衍生息。明清以后，这里又成为"走西口"人们的落脚之地。

经年累月，这里形成了很多民族杂居组成的自然村落，这些村落大多形成于明末、清代至民国早期，一些新地名则产生于中华人民共和国成立后。新地名带有明显的时代印迹。在众多的村名中，蒙汉语同用的历史地名较多。其实，以

汉语、蒙古语或其他语言混杂命名的村落，都有明显的历史印迹和地域、宗教、民族特色，其名称的来源大致有以下几种类型。

以地形地貌命名

据清康熙末年范昭逵所著的《从西纪略》载："蒙古以物名地，率多类此。"乌拉特前旗很多村名都以所处的地形地貌命名。如马七女圪堵、梁畔圪堵、康家圪梁、六份壕等。在乌拉特前旗汉语方言中，凸起的地方叫圪旦、圪堵、圪梁，凹下的地方叫圪卜、圪洞，角落叫圪塄。与此类似的还有沙壕、黄土圪卜、黄草洼等。

以村落周边自然物命名

明清时期，俺答汗与三娘子放垦，直到京绥铁路1923年修至包头，更多的陕、晋、冀、鲁等地的汉民"走西口"来到乌拉特前旗定居，这些初始的定居者以居住地周边的自然物为村庄命名。如三顶帐房，即居住地初始定居者在此搭建了三座帐房。盐海子，即居住地周边有晒盐的湖泊。四十五顷地，即居住地的放垦土地为45顷。沙脑包，蒙古语为敖包，原为辨别方向的沙堆，因居住者在此周边居住而得名。

以从事行业命名

开禁以后，大量的外省籍汉民涌入乌拉特前旗。他们的到来，一方面带来了农耕文明的火种，另一方面也带来了五行八作。于是，就有了由打鱼人聚居的北河渔、陈河渔等村落。有了糖坊、粉坊、西油坊、瓦窑、砖瓦窑、瓦窑滩、杨碾房、熬池等以初住民所从事行业命名的村庄。

以人名、姓氏、居住情况命名

用人名和姓氏命名，在乌拉特前旗嘎查、村名中较为普通，初始定居者入住后，邻近的人们便直呼其名字和姓氏，久而久之，初始定居的人名和姓氏便成为村名。如白拉中村，即将初始定居人的姓名白拉中定为村名。有的村名将地形地貌集于一体，如王春圪旦、康家圪梁、苗二壕、李福来圪旦等。

在乌拉特前旗的许多村庄名称，中都有"窑子"之类的称谓，如窑子湾、菅家窑子等。开禁以后，"走西口"的人们租种蒙古族人的牧地，贫苦农民无钱盖房，便就地掘土为窑，先居者的姓氏与窑洞连在一起便成了村名。

以宗教堂点命名

1900年以后，外籍传教士开始在乌拉特前旗大佘太、扒子补隆等地传播基督教。随着传教范围的不断扩大，基督教在全旗各地新建了大量的基督教活动堂点，这些堂点的名称逐渐成为村名，如太和堂、忠厚堂、公益堂、同心堂等。

以古城遗址命名

考古发掘表明，从新石器时代起就有人类在乌拉特前旗繁衍生息，悠久的农耕历史和游牧历史留下了众多的文物古迹和亭台城阙，初始定居者便以古城阙命名自己的居住地。如城壕村，战国时赵国修筑赵长城时取土夯城形成壕沟，初始居住者在此定居形成村落。堡子湾，因村落坐落在古城堡周边湾地而得名。圐圙补隆，"圐圙"系蒙古语"草场"或"围场"的意思，"补隆"系蒙古语"角落"之意，因村子紧邻六镇之首——沃野镇古城而得名。东西土城，因紧靠东西土城古城而得名。

以驻军人数、地域特征命名

乌拉特前旗后山地区扼南下北上之咽喉，历来都是屯兵备守的军事重地。由此，一些地名也以驻扎军队以及驻扎人数命名。如营盘湾，因驻扎军队的区域为一个湾状地域而得名。营盘口子，因村庄扼于营盘湾的西出口而得名。三百营子、千八营子、八百营子等则以军队驻扎人数命名。

以商铺命名

开禁之后，后套地区的农牧业生产有了突飞猛进的发展，随着各项产业的兴盛，商业以及其他相关产业快速发展，各种以商铺命名的居住村落逐渐进入主流社会。如天巨德、义兴德、月盛功、增隆昌、广生隆、永吉成、三和城等。

以自然物的方位命名

初始定居者入住以后，为了区别一地与他地，常常以自然物的方位确定村名。如西淖尔，"淖尔"的蒙古语意为"湖"或"水沟"，即村庄因建在西边湖或水沟边而得名。西坝头，因村庄建在拦水坝的西头而得名。

以出产物品命名

初始定居者用本地的特产为村庄取名。如根子厂村，根子是本地人对甘草的俗称，因该地盛产中药材甘草而命名。蔴蒿滩，以本地盛产中药材蔴蒿命名。

以蒙古语命名

乌拉特前旗是一个多民族聚居的区域，村庄的名字有的蒙汉语兼有，有的则直接用蒙古语命名，如什那干，蒙古语意为"勺子"。苏计沟："苏计"系蒙古语，意为"胯骨"，因这个地方的山腰形似胯骨，故得名。点力素太："点力素太"系蒙古语，亦作"德日斯太"，意为有枳机的地方。

以清末蒙地放垦时的
居住情况命名

清朝乾隆年间，在阴山以北的地区，蒙古王爷通过各种关系雇佣汉人私垦荒地，种植粮食。朝廷知道后，发布禁令，但终因当地人烟稀少，禁垦令未能发挥多大作用，私垦现象反而越来越普遍，出现了层层包租荒地进行垦殖的局面。人们包租王爷的土地后纷纷向外转租，为了区分地域，将每份地以序列数命名。划分以后，种地人为了劳作方便，就在自家承租的份子地范围内或掘地为窖，或简易造屋，定居形成村庄。这些村庄坐落在哪个份子内，就称作几份子村。在乌拉特前旗的村名中，从头份子一直排到二十几份子，而且有的首居者将其姓名加份子排序作为村名，如鲁家头份子、徐家三份子等。据不完全统计，乌拉特前旗村庄名称中，以份子为村名的约占村名总数的五分之一，特别是后山地区，这种村名极为普遍。与此类似的还有"公田""公""公中"，"公"意为公众、大伙。清末民初蒙地放垦时，当地人从蒙古王公贵族手中租种大片土地，然后分包给来自陕、冀、晋等地的"走西口"的人们。为了提高生产效率，地户将购置的生产工具、牛犋等集中存放到一个地方，供散包农户共同使用，后来逐步形成村落，称为"公"或"公中"，如公田、喇嘛公中、万太公等。

另外，乌拉特前旗村庄的名称中，还有以牛犋命名的村名，两头牛为一个牛犋，如关牛犋、南牛犋等。还有以开地或修渠时的投资形式命名的，如六大股等村名。

乌拉特前旗地方方言

乌拉特前旗位于河套平原东部。千百年来，农耕文化、游牧文化、边塞文化、移民文化在这里冲击碰撞，形成了特殊的地域文化。这种多元的文化背景，对方言的形成起着重要作用。也正是这些文化的兼容与共生，决定了乌拉特前旗的方言发音接近晋、陕，兼有蒙古语、古汉语的特征，并夹杂着满族、回族的语言成分；也正是这种兼容与共生，形成了乌拉特前旗汉语方言独特的用词方式。

由名词词缀"圪"字构成的
"圪"头词俯拾皆是

圪旦、圪堆：大一点的包状物。山圪旦、土圪堆。

圪堵：突出的地势。马七女圪堵（地名）。

圪梁：土岭。康家圪梁（地名）。

圪蹴：蹲下。你靠墙墙圪蹴下。

圪头词是乌拉特前旗方言词汇的主要特点之一，源于山西方言词汇。近现代，随着大量晋语区移民在本地区生息繁衍，以及民间艺术，尤其是二人台、爬山调的流行，特色鲜明、语义丰富的圪头词更是成为人民群众普遍使用的交际用语。

由叠音和叠词构成的
叠音词别具特色

叠音词在现代汉语里是一种应用极广的词类。在乌拉特前旗汉语方言的用词中，叠音词的应用更为精巧，表现力更为生动。

叠音名词如：盒盒、碗碗、窟窟、帘帘、牛牛、娃娃、嘴嘴、指头头、柴棍棍、豆荚荚、毛眼眼、喜鹊鹊、倒衩衩、花花布、蚊蚊草、沙沙地、和和饭、嘴嘴烟、白毛虎虎、猴毛旦旦、指头肚肚、毛花眼眼、细麻绳绳。

上述叠音名词在语义上都含有细小、亲切的意思，多指称较小或令人喜爱的对象，在与少年儿童的对话中使用频率较高，这是普通话以及其他许多方言中没有的。

叠音量词如：一根根、两盘盘、三捆捆、四把把、五堆堆、半瓮瓮、一伙伙。叠音量词在语义上与叠音名词的特点相同，大多指称较小的量。

叠韵动词如：戏耍耍、逗耍耍、藏迷迷、打能能、打转转。

叠音动词的结构均为支配式，表尝试态，多指幅度较小或令人感到舒服愉快的动作行为，其中不少是儿童游戏，语义特点和叠音名词相近。

叠音形容词如：麻阴阴、虚饱饱、瓦灰灰、二细细、二岁岁、不大大、不深深、不高高、不胖胖、不快快。麻阴阴等含有小的意思，描写程度较轻的状态。不大大是形容词重叠后加"不"，也有程度减弱的附加意义。

圪尖尖、忽少少、忽沙沙，胖圪墩墩、甜圪丝丝、光不溜溜、酸不叽叽、甜忽腻腻、轻忽缭缭。这两组形容词尽管语义色彩是表示程度加强，与现代汉语的构词形式类似，但其包含了乌拉特前旗汉语方言中特有的前缀和中缀，是乌拉特前旗汉语方言的特殊叠音构词形式。

与从蒙古语中直接搬用的
词汇巧妙融合

乌拉特前旗地处蒙汉杂居区，长期以来，蒙汉人民相融共处，经济文化交流十分频繁，在语言上也互有影响，不少人蒙汉语兼通。在语言交际中，蒙汉语词汇交互使用的情况极为平常。乌拉特前旗汉语方言词汇也受到蒙古语的巨大影响，最突出的是蒙古语词语的直接搬用，如：

忽拉盖：蒙古语指"贼"；河套方言既指小偷，又指骗子、坏人。又叫"贼忽拉"，是汉语语素"贼"与蒙古语"忽拉"结合起来构成的词。

突罗盖：蒙古语指"头"，河套方言中也常用来指"头"。

叨拉：蒙古语原指"发音""出声"，汉语借指聊天。

虎不拉儿：蒙古语原指细小的、珍贵的，河套方言里是一种鸟的专称。

此外还有那达慕、淖尔、敖包、脑包等。至于用蒙古语命名的行政建制和地名则更为普遍，如苏木、嘎查、浩特、巴彦淖尔市、乌拉特前旗、甘其毛都口岸等。

用方言词汇表情达意的现象极为普遍

名词方言汇：

牛牛：小虫子。看那个牛牛。

奔子：与"奔跑"同义。不要麻奔子。

红滩：没长庄稼的土地。今年天旱，地里光红滩。

五明头：黎明。我五明头就起来了。

相数：样子。看你那个相数，不学好。

夜来：昨天。我夜来去前旗了。

马趴：向前扑倒。一不小心跌了个大马趴。

后晌：下午。后晌割糜子去。

介介：条状物。山药介介油烙饼，好饭。

动词方言汇：

吃架：承受。你说话那么冲，他哪能吃架住了。

抽架：扭捏作态之意。欢欢儿的，不要抽架了。

打眊：打听看望。有甚事你打眊的。

待要：愿意。我不待要去跑这一趟。

叨拉：拉家常。我们几个叨拉在一打了。

定顿：考虑一下。这事我定顿定顿再说。

心红：一心向往，不能克制。你看把你心红的，不就少看一场戏么。

显能：逞能。人家的事，你显什么能。

忽抽：乱动。乖乖儿的，不要忽抽。

形容词方言汇：

袭人：漂亮，让人喜欢。这个女女真袭人。

猴：小。这个猴圪蛋蛋真亲了。

机迷：清楚。这下你机迷了吧。

听听儿：老老实实地待着。听

听儿地，不要乱跑。

伴误：耽搁。事很急，你不要伴误了。

副词方言词汇：

长圆：无论如何。你长圆把话捎到。

待里：一向。我待里也没迟到过。

定猛：突然。定猛吼了一声，吓我一跳。

没敢定：也说"不敢定"。没敢定假期去北京。

一自个儿：从来。我一自个儿就在这儿了。

量词方言词汇：

一圪堵：表示很多的一个量词。我三爹给了我一圪堵糖。

一卯：次，回。今天还300元，剩下的下次一卯给你还。

强强儿：勉强地。我强强儿把娃娃哄睡了。

经辜：不断。你经辜这样烦不烦。

代词方言词汇：

多咎会儿：什么时候。我多咎会儿求过你。

个儿：自己。辛酸苦辣我个儿知道。

磕哪个呀：去哪里。你打扮得花里胡哨磕哪个呀？

由谚语、串话、歇后语构成的语汇生动传神

谚语状物准确生动：

一九二九冻烂碓臼，三九四九拉门叫狗（只能开个门缝叫狗，言冷）。五九六九消开井口，七九八九沿河看柳（看柳，谓河畔的柳树开始泛绿）。

春风不刮地不开，秋风不刮籽不来（言当地春秋风大，刮春风时，地正在解冻；刮秋风时，庄稼正在结籽）。

霜降阴不开，立冬封死海（指当地霜降以后，背阴处结的冰就不会消了；立冬时，海子封冻）。

清明前种胡麻，九股八圪叉，清明后种胡麻，至死不落花（股叉多则结籽多，不落花则指未成熟）。

秋分的糜子寒露的谷，霜降的黑豆没生熟（指出三种作物的收割期）。

串话诙谐直白：

棒打兔子瓢舀鱼，灶火圪塄捉沙鸡——清末民初，大河套一带，有的是大片的草滩。其中兔子、沙鸡、野鸡很多。黄河鲤鱼进入河岔和渠道的水湾，得之极易。

一门一窗，人起炕光，门背后立着半截水缸——中华人民共和国成立前，乌拉特前旗等地贫苦农民

53

的居室连被褥都没有，更不要说家具了。

米汤泡饭，一吃一个肉。——糜米饭是乌拉特前旗一带农民的家常便饭，吃到最后常用做饭的米汤泡米饭吃一些，很有糜米的香味，故有此语。

猪肉烩菜粉条子，山药圪蛋糕挠子，一挖一勺子——乌拉特前旗的较讲究的饭菜，常用来待客。

耗子挨着斑仓睡，一对对那灰脊背——谓两个人都很坏。斑仓，野地的一种老鼠。

有奈出自无奈，赤脚板板跑到佘太——无可奈何。佘太地处巴彦淖尔市较为偏远的地方。

歇后语浅显幽默：

格溜棍打平地——有一下没一下。指做事不认真，想起来做一做，想不起来就不做了。

火烧皮条——两头圪蹴。指双方互相靠拢。

隔墙冒肝子——掭（多）心。指心肝相连，所以扔羊肝子会摔（掭）到心的。掭谐音多。

炉盘里的蛤蟆——灰爬。灰货、爬货，都是指坏的，不好的。

酒话率真豪爽：

有酒没菜，不算慢待；有菜没酒，扒起来就走。

有条件讲究，没条件将就，好歹总得有点烧酒。

酒逢知己千杯少，话不投机半句恼。

酒逢知己千杯少，拿来多少喝多少。

酒逢知己千杯少，能喝多少喝多少。

方言谜语喻景言状：

朝南上来个小木匠，锛锛斧斧没拿上，盖了个房房稳稳当当。（打一动物）——燕子

房上长的一苗蒿，千人万人砍不倒。（打一物）——烟囱冒的烟

四面四堵墙，圈猪（珠）不圈羊。（打一物）——算盘

青石磐，磐石青，青石磐上钉银钉。（打一自然物）——星星

炕上卧个黄草鸡，见人来了满天飞。（打一物）——扫帚

地上卧的两只狗，主人出门它们跟着走。主人进门上了炕，它们两个张开口。（打一物）——鞋

弟兄俩，一般大，你走我也走，一步差不下。（打一物）——鞋

一物生来七寸长，人们请它入洞房。半夜三更流眼泪，一阵儿没有一阵儿长。（打一物）——蜡烛

左一片，右一片，隔着山头不见面。（打一物）——耳朵

生活习俗简朴庄重
汉族服饰

乌拉特前旗汉族人大都为清末放垦后"走西口"的移民，衣饰也均为冀、鲁、晋、陕地区的汉族风格。清末，乌拉特前旗富人穿着讲究。男性留辫，戴皮帽或瓜皮帽，穿单、夹、棉等有大襟的中式袄和大裆裤。夏季穿大褂，冬季穿棉袍、皮袍，袍外套穿小马褂或坎肩。妇女则梳长辫，着中式服装，节日、外出多着旗袍。

穷人着装简朴。男性留辫，头罩白毛巾，冬季戴护耳绷皮帽，衣服布料以土布为主。妇女缠足，留辫，很少佩戴首饰。

民国时富人着中山服，戴有沿的帽子。穷人剃光头，穿大裆裤、对襟上衣。中华人民共和国成立直至20世纪70年代，衣饰有所变化，但服饰的颜色大都以灰、黑、蓝、草绿为主。20世纪80年代以后，乌拉特前旗汉族服饰的材料日趋多样，色调也五彩缤纷，总体融入都市流行大潮。

蒙古族服饰

清代，乌拉特前旗蒙古族人因身份不同，衣饰有所不同。王公贵族着补褂袍套，各色顶戴。高级喇嘛着黄衣、戴黄帽，小喇嘛着紫衣、布靴。民国，王公贵族在一定场合着官服，平时着便装。无爵位的男性贵族头戴礼帽、皮帽，妇女在喜庆场面佩戴珍珠、玛瑙、宝石、金银等首饰，男女均着蒙古袍，男性佩戴刀鞘上镶有金银饰物的蒙古刀。

平民男性光头，女性以彩布包头。中华人民共和国成立后，蒙古族人的衣饰改为汉族衣饰。直到现在，蒙古族人除在喜宴及重大活动时穿民族服装外，日常均着汉族服饰。

汉族饮食

中华人民共和国成立前，乌拉特前旗汉族人的主食以糜米、谷米、莜面、荞面等小杂粮为主，蔬菜以腌白菜、土豆为主。中华人民共和国成立后，套区小麦种植面积扩大，套区主食以面食为主，后山地区仍以小杂粮为主。改革开放后，小杂粮的种植面积减少，乌拉特前旗汉族人的主食以大米、白面为主。蔬菜品种多样，人们餐桌上的吃喝也日趋丰富。

蒙古族饮食

乌拉特前旗蒙古族人的饮食以食肉饮酪为主。家庭饮料为奶茶、鲜奶、酸奶、奶酒；奶食为黄油、白油、奶酪、奶酥、奶皮、奶豆腐等；肉食主要有牛、羊、驼等肉类；主食以炒米、白面、大米为主。现在，蒙古族人除保持传统饮食习惯外，在食品的烹制过程中，还吸收了汉族的烹调技艺，饮食种类更为多样，食材品种更为多元。

汉族住所

中华人民共和国成立前，汉族人大多居住土房。套区多用铁锹铲坷垃或脱草坯砌墙，以杨柳树干为椽檩，房顶抹泥，房屋安有木头窗户，窗户用麻纸糊严。后山地区的汉族人居室，或掘地窖，或打旱坯，或用夯土筑墙，房屋留有简陋的门窗。

20世纪70年代，乌拉特前旗开始建"四脚落地"的房屋，即房子的四脚起砖柱，墙壁用土坯砌筑，外墙用白灰罩面。80年代以后，乌拉特前旗的土房逐渐被砖瓦房取代。现在，乌拉特前旗农村红砖碧瓦、绿树掩映，社会主义新农村的美好愿景正在变为现实。

蒙古族住所

中华人民共和国成立前，蒙古族人的住所因职位、职业、地区不同而不同。喇嘛居住在庙宇，居住条件优越。牧区牧民的住所分固定、非固定两种。蒙古族人居住的蒙古包均为圆形，周围用十余根柱子围成一圈，柱顶架木为梁形成伞状，而后用帆布或毛毡围盖。现在，乌拉特前旗蒙古族人全部住上了砖瓦房。苍穹之下、绿茵之中，

点缀着一幢幢整洁明亮的砖瓦房，蒙古族人在祥和之中过上了美满富足的幸福生活。

社会礼俗特色鲜明

婚俗

乌拉特汉族婚礼

乌拉特前旗的汉族先民大都为开禁之后，晋、陕、冀等地"走西口"的人们。所以，其婚礼习俗大都沿袭山西、陕西、河北等地的习俗。这些习俗在与蒙古族的婚礼习俗交汇融合后，形成了独特的乌拉特婚礼习俗。乌拉特前旗汉族的传统婚礼大致可分为提亲、订婚、探话、娶亲、回门五个步骤。

提亲 旧时，男方看中女方后，请社会上有威望、男女双方都熟悉的人或专业媒人到女方家提亲。若女方同意，男女双方将各自的生辰八字写在"生时单"上互换，然后双方将"生时单"交由阴阳先生卜算，看是否大相不格，是否相克，不相克方可进入议婚程序。媒人提亲之前，男女双方都要对对方家庭的经济状况、人品人格等进行细致的调查。农村人家成婚一般遵循门当户对的理念，攀高结贵担心婚后受歧视。

订婚 双方在调查清楚对方的基本情况之后，如有成婚意愿，女方首先通过媒人将成婚意愿告知男

方。男方在获知女方意愿后，再请阴阳卜算良辰吉日作为订婚日期。媒人将男方选择好的订婚日期告知女方后，女方经卜算认为男方选的日期确为良辰吉日，便告知媒人按原定日期订婚。如女方不同意择定的日期，双方还要重新择定时日。在订婚之前，女方将彩礼单交给媒人，由媒人呈送男方。男方接到彩礼单后，按照家庭经济状况确定彩礼物品，并在订婚宴席上你来我往、讨价还价。

订婚日上午，媒人、未来的女婿、男方家主事人携带羊腿、白面馍、烟、酒、糖块、茶叶赶赴女方家（旧时，所带的礼物为羊腿一条、香烟若干盒、白面馍24个、用红线拴在一起的白酒两瓶、茶叶一方、糖块若干。现今，改为整羊一只，香烟两条，白酒、饮料各一件，再加两瓶用红线拴在一起的白酒，白面馍改为蛋糕或糕点）。女方如对男方的家庭和未来的女婿满意，则回赠男方一条羊腿，并用男方带去的两瓶拴红线的酒招待客人，拴红线的两瓶酒不得喝尽，留稍许后放入一根葱和少许米粒，让男方将酒瓶带回。

现在的订婚日，女方于订婚当日举行盛大宴席，男方于次日举行宴会。女方订婚宴席散后，待嫁女由其姐妹、嫂子陪同前往男方，男方回赠物品给陪同人员。

订婚以后的一段时间内，男方按照订婚时双方议定的彩礼单在媒人的见证下将钱物逐项交给女方，探话前，单子上索要的物品钱款要全部交清。

探话　男方将彩礼等全部交清后，委派媒人会同男方主事人一同携羊、酒、烟、糕点等物赶赴女方家，询问女方对婚事还有什么要求，并共同商讨娶亲的日子。如女方没有额外的要求，双方就选择共同认可的黄道吉日为娶亲日。旧时，本地有媳妇到了门前还需要一个牛钱之说。

娶亲　旧时，娶亲是婚礼中最为烦琐的一道程序。迎娶新人的前一天，男女双方的院内贴满"囍"字，门窗贴上对联。娶亲的轿车多用牛车或马车，车上用毛毡或红毯搭成布棚，拉车的牛或马的脑门心挂上红花。娶亲的头天晚上称安"鼓日"，东家备宴席款待前来贺喜的嫡亲，此宴称为"宵夜酒"。旧时宵夜酒的程序十分复杂，座席的位置分正副席。支桌腿等，如代东人员安排不周，宴席间翻桌子也是常有的事。后来，有的代东为了省去麻烦，干脆将设宴的一个或几个房间设定为正席房。

男方迎亲讲究去单不去双，一般以3人为宜，女方送亲同样去单数。新娘送亲一般为舅舅、妗妗，外加新娘的本家兄弟一人押轿。

娶亲走时，男方带白面点心、两条糕鱼，另带拴有红线的喜酒两瓶、猪肉一方（离娘肉）、娶女羊一只（活羊）及香烟、茶等物品。现今，点心为八盒糕点取代，茶叶等物均以八为吉数。娶亲的车辆在离女方的家尚有一段距离时，放鞭炮通知女方，女方设凉菜及便宴招待娶亲者。新娘上轿后，女方的姐（妹）夫等将三碗酒置于轿车前设拦门酒，直到男方迎亲人员将酒喝光，才允许轿车离开。娶亲轿车回到男方家时，送亲者和新娘被迎入另外的房间，押轿的女方兄弟在收到男方给予的押轿钱后下轿。旧时，送亲人员在第二天婚宴前的一夜之间必须吃完八顿饭，男方为招待送亲者费尽心力。

婚宴当天的早上，早餐为清汤、油糕。其时，新媳妇进入新房拥被而坐，俗称"偎富贵"。正午时分，婚礼正式开始，新郎、新娘拜天地、拜高堂、夫妻对拜后，耍笑开始。新媳妇欲回喜房，耍笑者提出各种条件不允，新娘在新郎的配合下闯回喜房。午宴开始后，代东人员按照正副席、上四席、下

四席、正房、偏房等次序安席。席间，东家、新郎、新娘依次为出席宴会的亲朋敬酒。

新婚之夜，由新女婿的姐（妹）夫为新婚夫妇做一桌饭，俗称"和气饭"。新婚之夜，同辈要笑新人，同时也有听房的习俗。

回门 新婚的第二天，女方家一早便派出车马赶赴男方家迎接女儿、女婿，俗称"回门"。新女婿初登岳父的家门，下车要吃下马饺子，饺子由大兄嫂或小姨子包制，饺子里有辣椒、花椒、大料等物，用善意的恶作剧考验新女婿的智慧，为事宴增加喜庆气氛。回门日，女方举行盛大宴会款待众亲友，新女婿随岳父母为亲友敬酒。

席散人去，新女婿在岳父家住一夜，第二天偕新婚妻子回家。新媳妇在婆家住七天后，回娘家小住，俗称"住七住八"。

乌拉特前旗汉族人的婚礼旧时十分烦琐，一些陈规陋习使办事宴的东家如同过关，男方娶一房媳妇往往花上毕生的积蓄。随着时代的发展，乌拉特地区汉族人的婚礼也有了新变化。

乌拉特蒙古部族婚礼

乌拉特蒙古部族的婚嫁习俗以其独特的风格区别于其他蒙古部族。乌拉特蒙古部族婚礼的全过程

可分为求婚、订婚、娶亲、拜火、回门五个环节。

求婚 旧时，蒙古族人的订婚年龄一般在15岁以后，不满15岁不成婚。一般女方的年龄略小于男方。乌拉特蒙古部族的求婚在中华人民共和国成立前均为父母包办。求婚时找代理人，蒙古语叫"照齐"，即"媒人"。媒人另找一两个人，携带四个圆饼以及白酒、哈达等礼品前往女方家。到女方家后，先将四个圆饼入盘摆在桌上，接着给女方老人敬酒，献上哈达。同时，提出为某某人家的孩子求婚的请求。对方老人如接过了哈达，就意味着同意求婚。

订婚 订婚的程序比求婚的程序略为复杂。带整羊、白酒、圆饼、哈达等礼品。男方到达女方家后，先将礼品敬献给女方，敬酒后再坐下来商谈彩礼，蒙古语称"玛拉萌格"。彩礼包括牛、马、驼、羊、金、银、财宝、绫罗绸缎等物品，彩礼的多少可根据男方的经济条件而定。谈彩礼的过程实际上是坐唱的过程，蒙古语称"乃日"，为"联谊"之意。宾朋上席后，放乌查（羊背子），敬酒，念敬酒辞，唱敬酒歌。祝词由一个人来念，敬酒歌则由女方请来的歌手站在蒙古包的东南角歌唱。每唱一次

歌，众人饮一次酒。唱完三首歌后，在座的人们回唱一首，并敬歌手一盅。回唱歌曲的大意是，在座的人们欢聚一堂，共同欢乐，庆祝今天美好的时光。所唱的三首歌为《永恒之福》《缔造之福》《先辈之祝福》，统称"三福歌"。

娶亲 娶亲是乌拉特蒙古部族婚礼的高潮。据记载，800多年前蒙古族成亲时要从远方聘娶。该习俗现已进化演变为成亲奔远方，娶亲在天亮。娶亲时，娘家也待客、放乌查、敬酒、唱歌、举行坐唱，等待男方娶亲队伍的到来。还要请一位能说、能唱、能喝酒的总代东。娶亲时，陪同新郎的有媒人、伴女婿和长辈各一人，青年男女数人，念、唱赞词者一人，一般是六七人。

当娶亲队伍到来时，女方念唱、赞词者带领几名敬酒者出门迎接，下马后先敬酒。敬酒之际，采用一问一答的形式，女方念、唱赞词者主动提问，男方念、唱赞词者站出回答。其问答的大意是：什么地方的何许人氏在这阳光明媚的早晨成群结队、披红挂绿，什么缘故前来此地？是因为有了美好姻缘前来娶亲。既然如此，带来了什么样的礼物？带来了金银财宝、绫罗绸缎、牛马驼羊。如此一问一答，直

至说出九九八十一种礼品。而后，请进屋内红火、坐唱，由女方请来的歌手唱歌，放乌查。待到姑娘出嫁的良辰吉时，大家出动为姑娘送行，歌手们唱起了《送亲歌》。而后，新娘出门上马，众人在马背上互敬三次美酒，便告别启程。

女方婚宴（聘姑娘）乌拉特蒙古部族婚礼的顺序是先聘后娶。因此，娶亲的人们必须在商定的时日赶赴女方家中。娶亲人数必须是单数，娶上新人后就成了双数。参加娶亲的人，尤其是新郎要骑好马，人和马都要刻意打扮。到达女方家门口时，女方早已在门外铺好了毡子，摆上方桌，桌上置有奶食、烙饼和白酒。祝颂人与敬酒人热情迎接、请安问好，并为每人敬三杯拦门酒。旧式婚礼在拦门时，双方祝颂人要展开一场舌战，女方提问、男方回答，对答如流，方可顺利进屋，否则就要被戏耍。进入蒙古包后，要向女方长辈以及亲戚朋友一一请安问好，礼毕入座。女方递烟、献茶，尔后敬酒。接着，男方将带来的整羊背子和一套茶礼并排摆在桌上说："亲家、亲家母、众亲戚，请受礼。"男方斟酒人打开带来的酒向女方长辈、亲戚朋友及在座的每人敬酒三杯。男方敬酒毕，女方出一人将礼物稍稍挪向娶亲的一方，给娶亲方每人敬一杯酒，歌

手高唱三首敬酒歌。歌罢，稍事休息，重整盘碗，举行盛宴。

盛宴开始，坐首席的长者高声起唱，歌手们接连唱三首祝颂歌，再由首席长者念着颂词奖赏歌手。接着，上整羊背子款待众人。席间，女方的年轻姑娘、媳妇、小伙子频频敬酒，场面十分热闹。尔后，伴娘把新娘领到宴席厅，男方祝颂人向女方的嫂子求问新娘的姓名与属相，问答双方一问一答，巧周妙旋。接着，为了考验新郎的智慧和力量，女方端来一个整羊脖子，让新郎从中间掰断卸开。为了戏耍新郎，故意在羊脖子中插进红柳条，以使新郎感不易掰开。这时，屋外有人将新郎的坐骑藏匿起来，使其难以启程。

到了启程时刻，男方唱起了辞行曲。新娘在伴娘的照应下，依依惜别地告别双亲和家人。娶亲的人也出门上马，新郎找不到坐骑，又是向女方说好话，又是送糖果、献哈达，经多方努力方可找回来乘骑。

从女方去男方家的途中，娶亲、送亲双方不单单赶路，而且有热闹的追逐戏逗场面。距男方家有五千米时，新郎跃马扬鞭赶上前面的新娘，以镫击响新娘的镫梁，策马向前飞驰而去。送亲的也策马扬鞭，设法追上新郎夺

其帽子。娶亲方则竭尽全力保护新郎，不让送亲方靠近。这也是对新郎坐骑和骑术的一次考验。如新郎因娶亲方保护不力或因坐骑不快而被抢去帽子，娶亲方要手捧哈达献给抢到帽子的人，说好话求取帽子。击镫、抢帽子是娶亲路上一个极为热闹的场面。乌拉特蒙古部族在喜庆婚宴上如果不戴帽子，要被视为没有礼貌。

男方婚宴　当娶亲队伍即将到家时，男方在门外铺上毛毡或地毯，同辈人出门迎接，长辈则在蒙古包从左侧依次入坐，饮酒取乐，等候娶亲的到来。新娘到达门前时，未下马鞍便要品尝盛在银碗内的鲜奶，随后在伴娘的搀扶下，同马鞍一起滑落在毡子或地毯上。这时，伴娘或嫂子们会簇拥着新娘踏着毡子步入蒙古包，送亲者则必须在迎亲桌前接三杯酒后方可进屋。届时，男方歌手在包内引吭高歌，以示热烈欢迎。

新娘进门后不揭面罩，新娘、新郎一起跪在灶前拜灶、拜长辈，行叩头礼。回到新房后，嫂子们帮新娘梳洗打扮，将其头发从中间分开梳理后罩上发罩，佩戴首饰（头戴），穿上坎肩，然后回到宴席厅向长辈和众亲戚一一递鼻烟壶，请安问候，受礼者随即赠送礼品。随后，举行盛宴。盛宴上，伴娘、伴郎领着两位新人敬酒，歌手唱敬酒歌，主婚人和长辈每接一杯酒还要祝颂一番。同时，男方家的年轻媳妇和小伙子们也频频敬酒助兴。

送亲的要求启程时，男方要向每位送亲者送以薄酬，并在门外较远处铺设毡子，摆上方桌，上置两块油饼和一只羊头。这时，包里唱起了《阿拉泰杭盖》（辞行歌）。双方主婚人手捧银碗，斟酒敬三杯后致谢告别。女方主婚人上马后，接住男方递来的羊头，边扔边策马飞驰。

拜火　汉族是拜天地成亲，蒙古族则拜火成亲。拜火是乌拉特蒙古部族婚礼的又一个高潮。

新娘来临之前，男方接待客人进行一般性红火。得知新娘来临，长辈不出门迎接，只是同辈人出门迎接。新娘下马时，必须有人搀扶，脚不得着土，必须踏着地毯或毛毡步入新房；而后梳头戴首饰、换新装，准备拜火。乌拉特蒙古部族的习惯是先拜火，后拜父母双亲和长辈，而且只是新娘一个人拜火，此时的新郎则忙于给来宾敬酒。新娘拜火时面部蒙纱，不得露出脸来。拜火和拜见老人时，只是在蒙古包的东南角炉灶前磕头，而且这种磕头不是趴地磕头，只是点头表示（因为新娘头上戴有至少十斤重的首饰，不便趴地）。

新娘磕头以辈数和年龄为序，总代东念唱长辈和来客称呼，总代东念一个，新娘点一次头，女伴在一旁压头。磕头时，长辈们都有礼品，大至牛、马、驼、羊，小至衣料、银圆。赠送的礼品牲畜必须是生产母畜，这是一种美好的祝愿。新娘磕完头便告辞退出。

新娘退出时，青年们从外面将门推住不让新娘出门。新娘只有把平时绣好的手帕、烟荷包或糖块送出方可出门。这种习俗和汉族习俗相同，但蒙古族耍笑新娘只有这一次，别的时候不允许，特别不允许像汉族那样闹洞房，更不允许娶新耍旧，耍笑长辈。

新娘出去后取掉蒙头纱巾，戴好首饰，换好服装再度返回客房向大家请安问好，并同长辈和来客交换鼻烟壶，然后为客人倒茶敬酒，婚礼酒宴就此开始。酒宴开始时，必须先上茶，然后敬酒，跟着上羊背子，敬酒时必须念祝酒词。放羊背子时，必须念唱放羊背子的赞词，演唱婚礼歌的是两名男性歌手。婚礼的延续时间一般为一天，傍晚来客离去。富贵人家的婚礼延续时间比普通百姓长，但最长也只有三天。

在这个环节中，送亲者到新房探望新娘是一种仪式。探望分当日探望和几日后探望。探望新娘虽然简单，但也十分重要。因为如果女方不探望姑娘，姑娘就不便回门。

回门　回门时，由婆婆领着儿子和儿媳，带着整羊、圆饼、白酒前往女方家中。回门没有固定日期，只在婚礼后的适当时候，或过年过节时均可。回门时，娘家也要举行酒席宴会，款待女婿和亲家。

乌拉特蒙古部落婚礼有别于其他蒙古族部落婚礼。如：新郎必须戴帽子，这一习俗一直沿用至今。按照乌拉特蒙古部族婚礼的风俗，新媳妇到婆家后婆婆要给她起一个新名字，名字一般在结婚之前就已经起好了。婚礼结束的第二天，新媳妇要早早起来在伴娘的帮助下开始煮砖茶，做第一顿饭。

各地蒙古族婚礼习俗在好多环节上有相似之处，但有两个方面是乌拉特蒙古部族婚礼特有的。

一是在乌拉特蒙古部族婚礼中要专门聘请歌手唱婚礼歌，为婚礼制造热闹喜庆的气氛。平民百姓家庭一般请三到五名歌手，富裕人家按照经济条件可以请更多，而且歌手唱歌全部清唱，不用任何乐器伴奏。所唱歌曲曲目和顺序有一定规矩，不得颠倒或随意更改。婚礼中，一般人家唱九首歌，大家族可以唱十八首或更多，唱歌可持续三天三夜。

乌拉特蒙古部族婚礼的第二个特点是"敬喜杯"。当新郎、新娘在婚礼上给每位来宾敬酒时，来宾必须当场赠送礼品表示祝贺，该习俗称"敬喜杯"。所以在参加婚礼时，来宾一般要准备两份礼品，一份送给办喜事的男方家人，另一份则在婚礼上送给新郎和新娘。

乌拉特蒙古部族结婚时对新娘头饰十分重视。一般情况下，儿子到结婚年龄的前几年，父母就开始为未来儿媳准备结婚的头饰。所以在整个婚礼中，头饰的花销比较大。但大部分婚礼的头饰为祖辈流传，如家中儿子较多，一般祖传头饰由最小的儿子继承，其他儿子结婚所用的婚礼头饰要另行准备。

丧葬习俗

汉族丧葬习俗

治丧　老者弥留之际，子女为其洗脸、洗脚、理发、梳头、换寿衣，俗称"装老衣"。老者停止呼吸，将一枚硬币放入死者口中，谓之"口含钱"。按死者的寿数烙若干面饼装入死者两袖，并用麻绳紧扎袖口，称为"打狗饼"。将死者放在门板或棺盖之上，面部用白麻纸苫面，儿女在旁烧"送终纸"。

死者去世当日，用与死者岁数相同的白麻纸，另加一张天、一张地剪成条状，与块煤一起悬于院门一侧，谓之"冲天纸"。院内搭灵棚，孝子换孝服。儿、媳、女、婿着重孝，穿孝衫、孝裤，穿鞋面绷白布的孝鞋，戴孝帽，腰扎麻辫。孝帽男女有别，男为两角方帽，女为圆帽。孙辈在孝帽前方缀小块红布，甥辈缀蓝布。儿女亲家戴腰孝，未过门儿媳在孝衫上披蓝、黑两块布。

入殓　入殓时间为死者亡故当日日落前或次日。入殓时，孝子均应在场，忌哭。入殓时，棺底铺谷草、褥子，以白布缝制的鸡状土布袋为枕（俗称土鸡），将死者放入棺内，盖被，盖棺，并以木钉虚钉。棺木放入灵棚后，将死者生前用过的枕头及用糜米做的"倒头捞饭"置于棺首。棺前摆桌，桌上供祭羊，桌前置烧纸盆，棺旁放一瓷罐，谓之"遗饭罐"。出殡前的每顿饭均稍添罐内。入殓后，孝子面棺烧纸大哭。

吊祭　停灵为单日，三、五、七、九、十一天不等。期间，孝子日夜守灵，孝子与死者直系亲属早、中、晚每日三次烧纸，每次均手挂糊有白纸条的木棍"出丧棒"。亲友前来吊祭，孝子孝孙下跪磕头迎祭。出殡前的头天晚上俗称"呱灵"，吹鼓手通宵吹打。日落，吹鼓手在前，孝子亲友按长幼顺序排队哭泣至十字路口或庙宇，俗称"叫夜"。是夜，孝子通宵守灵，间或烧纸。

出灵 "叫夜"的次日上午，死者子孙聚于棺材周围，打开棺盖看死者最后一眼，俗称"开光"。然后钉棺，俗称"钉银钉"。钉时，众孝子孙喊死者"躲钉"。起灵前，孝子孙一一烧纸叩头。起灵时，先由孝长子、中年长者以背扛灵，俗称"醒灵"，砸碎烧纸盆。起灵后，由长孙扛"引魂幡"为前导，鼓乐随后，男孝子在前，女孝子在后送灵。

安葬 棺木进入坟地后，孝子止哀。棺木入墓坑（俗称"青口"）后，将"遗饭罐""长明灯"放入棺材首尾墓穴基壁的小洞内，孝子围绕墓穴左右各转三圈，边抓土掩墓，边喊死者"躲土"。披麻戴孝者，将麻辫弃于墓内，将孝衣帽上的线拆去。随后，插"引魂幡"于棺前中端，下土掩埋成坟，将"出丧棒"转圈插于坟丘之上。孝子焚烧纸火。葬仪完毕后，众人返回。进院时，跳过火堆，用手触摸放入水盆中的菜刀和硬币，用以避邪。

复三 安葬后的第二或第三天（俗称"复二"或"复三"）日出前，孝子去坟地整修坟墓（俗称"圆坟"），后用砖在墓前砌一小洞，谓之"安墓门"。

守制 安葬后，每隔七天孝子上坟烧纸祭奠，直到49天尽七。以后，满100天为"百天"，一年为"头周年"，直至过"三周年"。"三周年"之后，每逢死者亡日、诞日、清明、中秋、春节等时日，均扫墓祭奠。过去，守孝三年不着红服，春联头年为黄、次年为蓝、第三年如常。

乌拉特前旗的土葬习俗除农村目前还在延续外，城镇均已改为火葬。无论火葬还是土葬，葬仪均已去繁就简，封建迷信的东西淡出葬仪。

蒙古族丧葬习俗

乌拉特前旗蒙古族的葬俗，旧时有野葬、火葬、土葬三种。但无论何种葬法，只戴头孝（头箍圈状白布），不着丧服，不设灵堂，不用鼓乐，不焚纸火，不讣告亲友，不摆供品，请喇嘛念经后择日埋葬。

野葬 又称天葬，死者子孙在死者野葬后49天或100天不剃发、不饮酒、不娱乐。

火葬 旧时，乌拉特前旗蒙古王公死后，均为尸体缠白布、涂黄油，请喇嘛念经超度后将尸体放入火中焚烧，并将骨灰和面粉捏成人形，保存在喇嘛庙以示死者成佛。死者火葬后，请喇嘛到家中诵经，酒扫室内，以驱邪并送死者灵魂归天。有的在喇嘛诵经后扎一草人抬往葬地焚之，以示把死者送走。

土葬　人死后，家人为死者更新衣，用白布罩面。入殓时，将死者生前用过的刀、碗等杂物也放在棺中。请喇嘛诵经后将棺木安葬，葬后款待亲友。

现今，乌拉特前旗的蒙古族的葬俗大都为土葬和火葬。

蒙古族的日常礼仪

见面互致问候，即使是陌生人也要问好。平辈、熟人相见，一般问"赛拜努"（你好）；若遇见长者或初次见面的人，则要问"他赛拜努"（您好）；款待过路行人（无论是否认识）是蒙古族的传统美德，但到蒙古族人家做客，必须尊重主人。进蒙古包后，要盘腿围炉坐在毡上，但炉西面是主人居处，主人没有让座时，不得随便坐。主人敬上的奶茶客人要喝，否则有失礼貌。主人请吃奶制品，客人不得拒绝。献哈达是蒙古族的最高礼节。献哈达时，献者躬身双手捧着递给对方，受者也要双手接过或躬身让献者将哈达挂在双手腕上，并表谢意。

蒙古族的敬酒礼仪

乌拉特人好客。来者，无论地位高下，均为客人。

乌拉特蒙古部族习惯用酒待客。每到年、节或嫁娶以及其他一些重大节日时，宴席上都要有酒有肉。主客间也要互相敬酒。敬酒时，要从来客中的长者和主家的长者开始，重大节日和迎接尊贵的客人时敬献哈达，并用银碗、牛角银杯敬酒。过去给客人敬酒都是自酿的奶酒，奶酒度数虽低，但两三杯下肚，一见风马上醉倒。

乌拉特蒙古部族与其他蒙古部族的敬酒习俗不同，其他地方的敬酒为双杯，乌拉特为三杯。如过新年时，分别敬新年酒一杯、主家酒一杯、家酒一杯。平时亲朋好友相聚，敬来者一杯、主家一杯、家酒一杯。家酒代表父母、祖宗。敬家酒意在随时提醒人们：如没有父母和祖宗，就没有这个家。客人喝这三杯敬酒时，不能一次全喝，第一杯品尝，第二杯喝半杯，第三杯喝光。酒席间，不能中断歌声，唱过的歌不可重复。

过去，乌拉特蒙古部族恪守不唱"三福"（《永恒之福》《缔造之福》《先辈之福》）不开宴的礼节。敬酒有特定的礼节要求。敬酒时，主人先要整衣冠、扣纽扣，斟满酒后，右手高举，左手托起，上身向前微倾。递出酒杯后，女性右膝微屈，男性腹部略前倾，双手仍抬起，待客人喝完酒，右手接杯，身体略躬表示谢意。晚辈向长辈敬酒时磕头，长辈接杯后出于礼节，须给晚辈讲几句祝福的话或训导的话，之后一饮而尽。

渐行渐远的农耕习俗

乌拉特前旗的农耕文明可以上溯到秦汉时期。前211年，秦"迁北河榆中三万家"，大规模的移民屯垦开创了农耕文明的先河。秦汉到隋唐，历朝历代的帝王将相对这块富庶之地情有独钟。唐末以后，由于土地兼并、连年战乱，农业生产逐渐衰败并让位于畜牧业生产。开禁以后，"雁行"的农人们越长城、渡黄河，于是农业文明的火把照亮了乌拉山南北。千百年来，历经无数次的碰撞融合、断裂接续，这种农耕文明积淀下厚重的农耕习俗，形成了独特的农业生产风俗。

春 冰消雪融，南雁北飞，乌拉特前旗人一年一度的春耕大忙时节到来了。旧时的农家，耕地要用牛、马、驴、骡等牲畜拉老犁。耕地有春翻地、压青地与秋翻地。开春后耕翻的土地为春翻地，春翻地随耕随种，以防跑墒。夏季入伏前耕翻的土地称压青地。这时耕翻过的土地，因将地里的青草压入地下，再经伏天雨水的浸润沤制，青草成为绿肥，所以压青地最肥。秋天收获后上冻前耕翻的土地叫秋翻地。秋翻地将庄稼的茬子压在地下，经沤制，地力也较好。旧时，乌拉特前旗农村种植的农作物品种较少，大都以糜麻、谷子、小麦、玉米、高粱为主，后山地区主要有莜麦、荞麦等作物。播种用耧全部为畜力两腿木制老耧。为了保墒，播种时摇耧者拉一个碌碡，用碌碡将下籽后的垄眼碾实。春播时，什么节令播什么作物全凭农人经验和一代又一代人的口传心授。

夏 从播种到小苗出土，转眼到了夏季，农人们又开始了中耕锄草。锄草分锄和搂两种，头遍草锄过之后，进行第二遍、第三遍搂地。"锄头自带三分水"，经过伏前锄搂的作物产量高、成色好、口感好。"天旱不忘锄田，雨涝不忘浇园"，经过多次锄搂的土地，土壤疏松、地力增加，第二年耕种杂草也少。

用老耧播种的作物，下籽量很难控制，特别是麻子、谷子、玉米等作物，锄草时需间苗。为保持间距，锄草时农人们双膝跪地一寸一寸地向前挪动。"锄禾日当午，汗滴禾下土"是农人们辛勤劳作的真实写照。

秋 "种在冰上,收在火上。"夏锄还没有结束,小麦已经成熟。旧时的小麦全靠手拔。拔麦子时,人们蹲在地上两只手拔四拢、两只脚向前挪动,沙土地拔麦子还好,如遇胶泥地,一天下来,两只手全是血泡。为此,乡间有"男怕拔麦子,女怕坐月子"的说法。

"二八月龙口夺食。"秋收季节正是天气最不稳定的季节,霜冻、大风、冰雹等自然灾害会在一夜间将农人们辛苦一年的劳动果实化为乌有。所以,秋收时节村子里少有闲人。人们没明没夜地挥镰收割,收获着一年的希望。

农作物收割时,有的随地起圃,而像玉米、小麦、麻子、莜麦、谷子等作物则需要打捆。特别是谷子,碾场时还需一穗穗地将谷穗切下。

农作物收割完毕后,农人们人背车拉将庄稼收回场面,秋收的最后一道工序——打场开始了。旧时的打场,条件好的人家用牲畜拉碌碡,条件差的人家用棍棒捶或用连枷打,将打下的粮食借风力用木锹戗扬。

冬 秋收打场完毕,已进入深秋,农民将收获的粮食收入大瓮或就地掘窖窖藏。收获的白菜腌制成酸白菜,收获的萝卜、蔓菁腌制成咸菜用以佐饭。大、小雪节气之间杀猪宰羊,农村也进入一年的冬闲时节。

改革开放以后,乌拉特前旗的农业生产条件有了天翻地覆的变化,耕、种、锄、收、打已基本实现机械化。除套区灌溉仍需人工外,山旱区全面推行了滴灌。随着土地流转等经营方式的改变,一家一户的小农业正向规模化、集约化的大农业方向转变。随着设施农业、观光农业、绿色农业等项目的发展,农业生产的综合效应正在显现,农民已经不是头朝黄土背朝天的传统农民,农村成为金色原野中的靓丽风景。

时令节俗 多为传承

汉族时令节俗

春节 农历腊月三十(小月二十九)过年。届时,家家户户清理庭院、张贴对联、更换新衣、举家团聚、通宵守岁(称为"熬年")。午夜后,点旺火,焚香,鸣炮,俗称"接神"。年三十早,一般吃米饭,称"接年捞饭"。午夜时,有的家庭吃烙饼,谓之"翻身烙饼"。

正月初一至初五,亲朋好友互访问候,称"拜年"。正月初五又称"破五",日不出时,将家中扫下的垃圾倒往十字路口，谓之"送穷媳妇"。

正月初七称"小年"，燃鞭放炮熬小年。

正月十五 "元宵节"，各地点灯灯、放焰火、开展文娱活动。

正月二十、二十五 "小天仓"和"老天仓"，是农民祭"仓箱之神"的日子。

二月初二，"龙抬头"，男子均"剃龙头"祈求风调雨顺。

清明节 农家扫墓祭祀。旧时，家家用白面捏制各种飞禽走兽，用线串起赠友或给自家的孩子。

端午节 农历五月初五，大家小户吃粽子、凉糕，将出嫁的女儿请回娘家过节。旧时，将艾草悬于门首，将彩纸剪成的"五毒符"（虎、蛇、蝎、蚰蜒、鸡）贴于门首，用五彩线为儿童扎"麻刷刷"，以驱邪避疫。

七月十五 又称"鬼节"，人们添坟、烧纸祭奠亲人。旧时，农家捏面兽、面人给儿童。

中秋节 八月十五，用月饼、西瓜等水果食品供祭月神，庆贺丰收。

腊八节 腊月初八天未亮，农家将黄米、豇豆、红枣熬制成粥拌糖而食，寓意一年内不得眼病。

腊月二十三 家家祭灶神，将纸印的灶神像放在炉口焚烧，供麻糖等供品，祈求灶神上天言好事、下地保平安。

蒙古族时令节俗

农历腊月二十三为蒙古族的小年。这天，以牛羊肉、奶食品等供品祭"灶神"。举家团圆，喝酒唱歌。夜晚，燃火送灶神，从各种供品中取少许放入火堆，全家人面火而叩。

大年三十，贴春联、放鞭炮、点旺火、挂灯笼，午夜守岁，晚辈给长辈拜年。正月初六到十五，男女青年成群结队给亲朋拜年，主人以酒食待之。客人离去时，主家要送一小包砖茶，谓之"带喜回家"。

旧时，蒙古族的节日还有正月十五或正月十八，即为喇嘛举行的跳鬼日。三月三请喇嘛诵经祭祖，七月十三祭敖包，七月十五祭祖坟。

禁忌习俗　良莠并存

禁忌习俗中，封建的糟粕和传统陋习较多。随着科学的普及和人们文化水平的提升，禁忌习俗正在淡出人们的生活。

汉族的禁忌习俗

乌拉特前旗汉族的禁忌习俗源于晋、陕、冀等地，"走西口"的汉族人将各自家乡的禁忌习俗带入乌拉特前旗后，与当地的禁忌习俗相互融合，最终成为本地约定俗成的习俗。

汉族禁忌男女婚配犯月、忌属相相克。例如，男女双方有一方属猪，且生于农历十一月就属犯月，因为十一月是河套农村杀猪的季节。十二属相均有犯月的时间，民间有"羊清明，马谷雨"之说。例如，属猪与属猴相克，民间有"猪见猴，泪长流"之说。

忌外甥在外公、舅舅家理发。

凡有丧事的家庭，当年忌办喜事，忌一年内办两次喜事。

姓张、王、李、赵者，忌农历六月、腊月打扫家、搬迁、建房；其他姓忌农历三、九月；农历五月为"恶五月"，无论姓什么，均忌扫家、搬迁、建房。

忌鸟粪落在身上，忌倒水冲向来人或去者。

蒙古族的禁忌习俗

忌开车或骑马从畜群中间穿过。

忌带着鞭子、笼头等马具进家。

忌坐炉灶、门槛，入座不得挡住佛像。

主人敬茶时，用双手或右手接杯，忌用左手。主人敬酒时，不会喝也要沾唇示意。

忌用手指指人，忌脚踩灶台，忌火上烤脚，忌左手接东西。

家中来客忌扫地，递刀具忌尖部指向对方，忌在畜圈、羊盘便溺。

宗教文化包容并蓄

乌拉特前旗是一个以蒙古族为主体，汉族占多数，回、壮、朝鲜等16个民族聚居的地区。宗教信仰以基督教、喇嘛教、伊斯兰教、天主教为主。在各民族长期共存的过程中，人们从最初的自然崇拜、祖先崇拜、鬼神崇拜、英雄崇拜发展到宗教崇拜，进而形成独具特色的宗教文化。

基督教

1888年，美籍瑞典牧师费安河在大佘太、扒子补隆等地开始传教。1900年，义和拳在大佘太攻击教堂，惩杀四名外国传教士，费安河只身逃往俄国。丧权辱国的《辛丑条约》签订以后，逃往俄国的费安河于1902年回到扒子补隆，并以杀死传教士为由向清政府索赔，清政府将42500亩土地赔给教会。其后，费安河在索赔的土地上建教堂、修城堡、养教兵、办学校、雇长工，扩大教会影响，发展教徒。接着又开渠引水灌溉土地，发展种、养殖业，并在五原、大佘太等地设立基督教分会。基督教总会、分会除大量吸收汉族信众外，还吸收蒙古族信徒。1920年费安河病故后，先后有瑞典、美籍芬兰、美国、挪威等国的传教士在扒子补隆传教，信徒时增时减，多时达200

多人。

中华人民共和国成立后，基督教在"三自"精神的指引下，团结广大信教群众爱国、爱教，为建设美丽、富裕的乌拉特前旗共同奋斗。

伊斯兰教

伊斯兰教进入乌拉特前旗的时间较晚。1929年以后，宁夏、甘肃等地的回族先后来到大佘太经商，为了做礼拜方便，建起了一座小型清真寺。同时，公庙子由外地迁徙来的回族也建了一座小型清真寺，此为伊斯兰教在乌拉特前旗活动之始。

1950年以后，宁夏平罗人马德清用自己的土房供教友们礼拜，丁连清为乌拉特前旗首任阿訇。1959年，由傅满贵、傅福云主持，在公庙子建起了面积为130多平方米的清真寺，前山地区的回族在此开展活动。1968年，西山咀地区建起了清真寺，该清真寺成为伊斯兰教的活动中心。

伊斯兰教要求信徒做"五功"，即"念功、拜功、斋功、课功、朝功"；守"三节"，即"斋节、古尔邦节、圣纪节"。禁烟酒、禁奸淫嫖赌、禁盗窃烧杀，不嫉妒、不傲慢、不愤恨、不赖骗、不造谣、不破坏。

喇嘛教

喇嘛教属于佛教的支系，又名藏传佛教。

蒙古族属于游牧民族，像其他游牧民族一样，初始大多信仰萨满教。萨满教没有统一的组织形式，没有寺庙，没有经卷，没有完整系统的仪规，其咒语说辞全靠口传心授，所有这一切，符合游牧民族的生活和生产规律，同时也符合蒙古族崇拜自然、崇拜祖先、崇拜"长生天"的多神信仰，因此被蒙古族所接受。

喇嘛教传入蒙古族地区始于蒙哥汗统治时期，也即16世纪后半期。由于喇嘛教无论在哲理方面还是在仪制方面，都比古老的萨满教缜密深邃，所以在明朝时，明王朝大力扶助蒙古族地区兴建喇嘛召庙。清朝以后，清廷又对喇嘛教采取奖励和保护政策，并鼓励各盟旗广建喇嘛庙。清时，当喇嘛者可免除本人贡赋、差役、兵役。蒙古族人家除留一俗子外，其余男丁都当喇嘛，以致喇嘛人数占到了蒙古族总人口1/3。

乌拉特前旗在清代修建并被册封的大小召庙共有24处，规模最大的召庙为梅力更庙（广法寺）。梅力更庙为旗庙，负责管理全旗庙宇，共有喇嘛200多人。建庙后，供奉八世活佛。中华人民共和国成立初，乌拉特前旗仍有庙宇15座，喇嘛300多人。1954年，全旗有10座完整的庙宇，120多名喇嘛。"文革"期间，大部分庙宇遭到破坏。1988年以后，经修整的点布斯格庙开始恢复喇嘛教活动。

喇嘛受戒分三次进行。七八岁时第一次受戒，先制布晋（削发为僧）、允俊格宁（坚守戒律）、巴尔玛（终身不还俗）。受戒后，走路要合掌而行，且低头目不斜视，否则要受惩。第二次受戒称格斯勒，也就是根据喇嘛的年龄，强调守戒和新增戒律。25岁时受格楞戒。

喇嘛教在乌拉特前旗历六七百年而不衰，流传下来许多别开生面的祭祀活动。

庙会　庙会分别于每年的农历正月十五、七月十五、十月二十五举办。届时，喇嘛按照教仪供佛、敬香、诵经，庙宇周边群众也身着盛装进庙烧香叩头、祈祷，以求四季康泰。事毕给喇嘛施舍。庙会还举行"查玛舞"（俗称"跳鬼"）。其时，庙宇院内，观者围圈，长筒号吹响后，喇嘛头戴面具，扮成佛、菩萨、牛头、马面、小鬼等，一对一对上场，最后在乐器齐奏中，扮演者全部上场。

祭敖包　近现代乌拉特蒙古部族除了在庙会上举行各种祭祀活动，还在每年的农历五月十三举行祭敖包活动。敖包用泥土、石块、草木堆积而成，原本用作行路和界线的标志，后被神化，变成被祭祀的对象。祭祀时，僧俗群众首先供上祭品，焚香诵经，所有参加者手执树枝从左向右绕敖包走三圈以示祭礼。事毕，众僧俗吃由敖包附近牧民备好的肉粥，而后进行文娱活动。

祭祀"牟纳乌拉"　"牟纳乌拉"为乌拉山。每年的农历五月初四，僧俗群众沿乌拉山马思德儿沟行进，晚上在呼日波格西举行隆重的"宁莎"活动（表示对山神虔诚信奉的晚会）。五月初五，僧俗人众各自携祭品攀登到"牟纳石"峰前，上祭品，焚香，酹酒，由庙里的大德高僧坐颂《幸运经》《颂扬牟纳》《祈求牟纳》《招呼牟纳》等经文。祭拜者烧香叩头，祈求山神普降吉祥。事毕，众人将各自用彩纸剪成方形或斜状，署有个人出生年月日的"天马幸运图"抛向天空。以摔跤活动为祭祀结尾。

文化遗产底蕴厚重

爬山调（国家级非遗保护项目）

爬山调（俗称"山曲儿"）是流行于内蒙古中西部地区的一种短调民歌，是大众口头创作的歌谣，是"走西口"的人们与河套当地民众在漫长的生产生活中交融而产生的乡土民歌，是特殊历史条件下形成的特殊产物。

爬山调流传于汉区和蒙汉杂居区域。在长期交往的过程中，蒙汉歌手对彼此的民歌十分了解。演唱时，汉族歌手巧妙地将蒙古族民歌中的个别调式引入爬山调，爬山调悠长而柔和，被蒙汉群众喜爱。随着不断引进、剔除、改造，河套爬山调曲调优美、韵味独特，成为河套人民抒情言志、讴歌幸福生活和美好爱情的特殊艺术表现形式。

爬山调，特别是乌拉特前旗境内的爬山调大量使用叠词、倒装句、方言土语。圪、日、呀、啦等

第十个草原文化遗产日暨全区非物质文化遗产展会场

作为一种特殊的文化艺术形式，2008年6月，爬山调被列为国家级非物质文化遗产保护项目。

虚词在演唱中经常出现，笔录的爬山调歌词与唱出来的爬山调歌词的区别在于衬字的重复。爬山调旋律婉转自如，普遍运用比、兴、赋等手法，寓情于调、寓情于歌，是群众心口合一的娱乐与交流方式。在河套地区以及乌拉特前旗，每逢婚姻喜事，或打坐腔、闹红火，亲朋好友围桌而坐，悠扬动听的爬山调此起彼伏；或二人对唱，争智调侃；或敲桌击碗众和，歌词随手拈来、随兴而唱，歌伴酒兴，酣畅淋漓。人们用爬山调歌颂美好生活、鞭挞丑恶现象，心之所思、情之所至、喜怒哀乐，尽在其中。

蒙古族民歌（乌拉特民歌、国家级非遗保护项目）

1648年，乌拉特蒙古部落迁徙到乌拉特地区，乌拉特民间文化艺术流传到内蒙古西部。18世纪初，随着宗教的盛行，民间文化受到宗教文化的影响，庙宇的高僧喇嘛利用这种极具感染力和影响力的文化

宴席上歌手歇息时其他人唱衬歌

形式，把宗教教义以民歌形式演唱出来，用以影响民众。梅力更庙的一、二、三世活佛陆续创作了130多首蒙古族民歌并流传于世。其时，大部分民歌属于宴歌，用于各类宴会。1840—1940年的乌拉特民歌，在内容和表现形式上有了很大的拓展。中华人民共和国成立后，民歌

2010年苏亚乐图参加"旭日花园杯"全区首届乌拉特民歌广播电视大奖赛，荣获一等奖。

白彦花镇民歌艺术之乡歌手们向花日民歌手请教演唱法

打坐腔

的内容和形式发生了巨大变化。

乌拉特民歌是乌拉特前旗蒙古民族创造的乡土文化，长调民

歌结构自由，各乐句间的小节不尽相同，节奏自由多变，调式多用徵调、羽调、宫调，旋律字少腔长，

2011年5月，蒙古族民歌（乌拉特民歌）入选国家级非物质文化遗产项目名录。

衬词多用"嗬咿""咿哟""咿呀"等，曲调婉转悠长，歌曲收放自如，旋律音程大幅度跨越。

乌拉特前旗蒙古族在欢宴、娱乐等活动中首先要唱《创造福》《缘分福》《盛发福》三福歌，这是多年形成的礼仪，也是乌拉特前旗蒙古族特有的风俗习惯。

乌拉特蒙医"色布苏"疗法

（自治区级非遗保护项目）

蒙医最初称喇嘛医。梅力更庙建成后，与西藏、甘肃、青海等地的庙宇互相派遣喇嘛传授医术。其后，喇嘛回乌拉特前旗传授蒙医理论与技术。据记载，中华人民共和国成立前，乌拉特前旗境内有24座

蒙医来到病人家里，把所有配制好的蒙药材——摊开，察看药品缺失与否。

召庙，学蒙医的喇嘛近百名，梅力更庙还专门设置了医学部。

喇嘛医在寺庙亦医亦佛。小喇嘛入庙先学3~5年经文，再学4~5年蒙医，均以高僧喇嘛为师。目前，乌拉特前旗的"色布苏"疗法已经传到第四代，药材多为动物、植物、矿物泡成的制剂。同时，应用火针、行针、拔罐、放血、羊肚等疗法。

乌拉特蒙医"熏鼻"疗法

（自治区级非遗保护项目）

乌拉特蒙医"熏鼻"疗法是蒙医独特的传统疗法。《蒙医金匮》

治疗前的精心准备

蒙医"熏鼻"疗法

曾记载用八味蒙药材熏鼻治疗气短、鼻塞等症状。乌拉特神官庙蒙医花匠喇嘛经进一步研究，研制出使用12味天然蒙药进行熏鼻的治疗方法，乌拉特前旗中蒙医院蒙医继承前辈的疗法，研发出使用17种药材熏治慢性鼻炎、鼻窦炎的方法。

乌拉特蒙医"放血"疗法

（市、旗级非遗保护项目）

蒙医"放血"疗法是在人体的额头、胳膊肘、脚踝三部位使用放血针刀静脉放血。术后，血脂、血糖度、血中微量元素含量下降，收缩压和舒张压临床症状完全消失，降压作用明显，还能减轻心脏排血量，消除心脏周围血管阻力。同时，还可预防和降低血管系统栓塞、硬化、出血、缺氧等病变，该疗法已有300多年的历史。

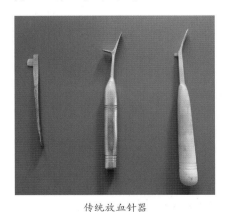

传统放血针器

乌拉特服饰

（自治区级非遗保护项目）

乌拉特服饰与其他蒙古族服饰

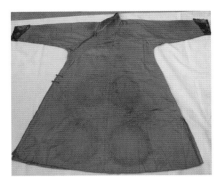

蒙古族服饰（长袍）

蒙古族服饰（长袍）

蒙古族服饰（刺绣坎肩）

有着本质的区别，主要表现在制作技巧和服饰的颜色方面。乌拉特蒙古部族均为哈布图·哈萨尔辖下的居民，黄金家族和台吉家族甚少，

蒙古族服饰

贫民占多数，其服饰简单大方、材料普通、样式单一。

　　乌拉特服饰分为平民服、贵族服与宗教服。平民服与贵族服在样式上没有区别，只在材料与颜色上有所不同：其特点是立领，以领口的叠状决定钉扣的数量；袖口有的有"凸入"（马蹄袖），有的没有，一般贵族服袖口有"凸入"。

平民袍服材料以麻布为主，贵族袍服以绸缎为主。男袍多蓝、棕色，

蒙古族靴子

女袍多绿、蓝色。女子做婆婆前可穿花袍，老年后穿棕色袍。

乌拉特头饰主要以金、银、珊瑚、玛瑙、玉等材料制作而成，还有纯金镶玛瑙、珊瑚、玉做头饰的。头饰的佩戴也有区别：姑娘时戴银、玛瑙为材的网状套，结婚时佩戴全套头饰，30岁时把"随和"与前额部分取掉，40岁时把"塔图日萨吉拉嘎"、发套取掉，50岁时只戴"萨嘎拉德日嘎"，60岁时剃头当尼姑。

哈布图·哈萨尔雕像

哈萨尔井

蒙古族头饰

哈萨尔传说

（自治区级非遗保护项目）

该传说讲述了成吉思汗的胞弟因误会与其兄产生矛盾，被其兄因禁在阴山脚下石井里百余天的故事。成吉思汗率军在牟纳山过冬后的第二年，起兵西征，到了杭盖山，在唐兀惕人的边境与其交战，失都儿忽汗派老娼迎着蒙古军叫骂，蒙古军死伤惨重、久战不胜。成吉思汗解除了对哈布图·哈萨尔的因禁后，命其射死老娼。哈布图·哈萨尔经过生死搏击，射杀老娼，蒙古军才得以战胜西夏。

哈萨尔的传说，有事实基础、

具体地点，有宗教色彩和夸张的故事情节，在民间广为流传。如今，囚禁哈布图·哈萨尔的石井依然留存，成为该传说佐证之物。

乌拉特"祭拜自然"风俗

（市、旗级非遗保护项目）

乌拉特"祭拜自然"风俗包括敖包祭祀、哈萨尔祭祀、牟纳山祭祀、山泉祭祀和火神祭祀。

祭敖包即拜祭西公旗第一任王爷鄂班。西公旗敖包位于白彦花镇乌宝力格嘎查，敖包由1个主包、12个副包组成。主包共四层（寓一年四季）：三层为石阶，高16.48米（寓乌拉特蒙古部落于1648年迁徙至此）；一、二层石阶层高为12米（寓一年12个月）；第四层上的苏力德高7.476米（寓旗域总面积7476平方千米）。底座直径36.5米（寓一年365天），总高度24米（寓一年中的24个节气）。12个副包寓西公旗辖12个苏木。

祭祀活动每年举行。活动当天，人们穿着民族服装蜂拥而至，将备好的祭品摆上祭台，并在敖包周围系上哈达。仪式开始，喇嘛焚香点火、诵经吹号，民众围着敖包转三圈并将祭品撒向敖包，以祈求人畜兴旺、风调雨顺。

哈萨尔祭祀700多年未绝，保留至今。每年的7月27日举行哈萨尔祭祀。活动开始后，蒙古族青年齐颂《燃香经》《哈萨尔赞》《苏力德经》。伴随着悠扬的蒙古族长调，穿着传统服饰的蒙古族群众将哈达放到供桌上，双手合十，默诵祭

祭敖包

蒙古族头饰

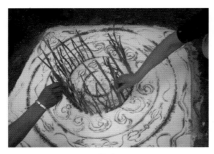

祭山

祭山

辞、磕头叩拜，祈求五谷丰登、平安吉祥。

乌拉特"祭拜自然"有肉类祭拜的"红祭"和奶品祭拜的"白祭"两种。祭拜规模有旗祭拜、集体祭拜、家庭祭拜等。

乌拉特蒙古部族"珍珠节"

（市、旗级非遗保护项目）

乌拉特蒙古部族的"珍珠节"一般在每年的春夏之际进行。摘取"珍珠"前，牧民请活佛或长者选定良辰吉日；牧民打扫棚圈，清洗消毒，并经衡量，选留少数几只种公畜，对其余雄性仔畜的睾丸进行割除。蒙古族称其为"查嘎拉和"礼，意为神圣的过礼。

割除仔公畜睾丸由兽医或长于此艺的人进行。整个过程有一套固定程序，还有赞词唱诵，主人还杀羊摆宴，以示庆贺。

乌拉特前旗境内蒙汉民族情深义厚，每当过"查嘎拉和"节时，蒙民总要请汉民助兴，汉族群众把蒙民敬重的睾丸据外形取名为"珍珠"，珍珠节由此得名。

工艺美术多姿多彩

独特的地理环境、多元的文化背景，孕育了乌拉特前旗既独具特色、又多姿多彩的工艺美术。不同门类的工艺美术作品，既包含了晋、陕、冀等地区艺术作品细腻、古朴、凝重的风格，也包含了粗犷、雄浑、豪放的草原风格。乌拉特前旗工艺美术，是各民族融合、交汇的结晶，是农耕文明、游牧文明共促共生的结晶。

镌刻在查石太山和乌拉山峭壁上的岩画，是乌拉特前旗最早的工艺美术作品。岩画用写实与抽象相融的手法，描绘了先民们当时当地的生活场景。

柳编

乌拉特前旗后套地区的田边地头，生长着耐旱、耐碱的灌木——红柳。红柳细长而又柔韧的枝条是柳编工艺的上好原料。当地的柳编艺人将粗一些的红柳条编织成柳笆、筐、簸箕等生产生活用具，将细一些的柳条经去皮、泡制等工艺，编织成花瓶、人物、吉祥动物等工艺品。柳编工艺简洁，风格粗犷，神形兼备，深受人们欢迎。

芦苇贴画

乌梁素海生长着大量的芦苇。芦苇既是造纸原料，也是编席、打苇帘的好材料。近年来，随着旅游业的发展，当地芦苇贴画艺人利用丰富的芦苇资源，将中国的传统工艺与现代艺术巧妙结合，用粘贴工艺制作芦苇手工艺术品。芦苇画以乌梁素海天然芦苇为原料，经手工整料、雕刻、熨烫、着色、粘贴、装裱等十几道工序精心制作而成。整幅画面80%为芦苇自然色，20%为熨烫色，画面色调和谐、浑然天成，是人们居家装饰的绿色艺术珍品。

铁艺

随着新农村、新牧区建设的全面展开，农牧民院落大门装饰的大量需求，催生了铁艺这门独特的艺术。铁艺用切、割、镂、点、焊等工艺，将一块块铁皮焊接成为祥龙、瑞兽等图案，经油漆着色，镶嵌在农牧民家的大门上，给美丽乡村平添色彩。

面塑

旧时，乌拉特前旗农村的面塑艺术具有广泛的群众基础，每一个家庭主妇几乎都精于此道。乌拉特前旗的面塑艺术与民间习俗、信仰有着密不可分的联系。面塑艺术的发展和传承基于以下三个原因：

一是祭神、祭祀。腊月二十三祭灶以后，家家户户炸糕、蒸点心，蒸祭神用的枣山山是每年必做的一件事。枣山山有大有小，制作时在一块圆形的面片上叠放用剪刀、镊子、梳子、刀子等工具制作的祥云、花朵，花朵上横盘一至两条栩栩如生的长龙，长龙嘴衔硬币或铜钱一枚，在祥云或花蕊处嵌进红枣。枣山山蒸熟后，再用水彩点睛装饰。年三十晚上，家家户户将枣山山与水果等物供在居室的神像前用以祭神。

二是纪念、祈福、祝寿。清明节前，当地农村有捏寒燕燕纪念介子推、迎春祈福的习俗。用白面捏制成各种姿态的小鸟，蒸熟后再用颜色将小鸟的各部位染画出来。寒燕燕除送晚辈及自家孩童外，有的人家或将小鸟扎在枝权丛生的灌木上，或用线串成一串，寓意百鸟闹春或燕子归来，用以迎春祈福。

面锁是当地的一种礼仪食品。旧时，为了新生儿健康成长，当地有长辈给新生儿戴锁保平安的习俗。婴儿出生后，保锁人给婴儿戴上金锁、银锁等锁头。幼儿过生日时，姥姥、奶奶为了将幼儿锁住不受鬼神、邪气等侵扰，蒸面锁给其象征性地戴上。儿童12岁圆锁时，保锁人开锁，姥姥、奶奶等长辈蒸面锁一同参加开锁仪式。

面锁由面圈作底，边缘叠放捏制的12生肖以及石榴、佛手、寿桃等图案。面锁蒸熟后再用颜料点饰。

三是赠送礼品。旧时，乌拉特前旗农村有亲友村邻互赠面人人的习俗。每年的农历七月十五中元节前，家家户户蒸制面人人。面人人取材广泛，有胖娃娃、鱼、爬娃娃等造型，各类面人人均饰有吉祥如意的纹饰图案。

现在，面塑艺术的群众性、广泛性和实用性已经不再。单体艺术品已被诸如乌拉特婚礼、草原人家等长篇叙事综合场景取代。

剪纸

旧时，剪纸艺术在乌拉特前旗农村较为盛行。那时，农民居住的房屋门窗大都为24眼、32眼接耳窗，为了好看，家庭主妇剪各种图案的窗花点缀窗户。除上述需求外，本地区剪纸大体分为以下几类：

一是点缀装饰类。窗花是贴在门窗上的剪纸，壁花是贴在墙壁上的剪纸。窗花大都以花草、祥云、瑞兽以及极具夸张色彩的人物为主要内容，其精细程度根据家庭主

妇的功力而定。壁花大都以象征、谐音、寓意等手法反映人们祈求平安、祥和、吉利、福寿的愿望。

二是喜庆祝福类。喜花是剪纸运用最为广泛、纹样最为丰富、造型最为多样的剪纸类型。新人结婚时，洞房以及办婚事的院落要贴上以梅、兰、竹、菊、牡丹、鸳鸯、龙凤等图案衬托的喜字。孩子出生，月房要贴上"送子观音"、骑鱼娃娃等剪纸。12岁圆锁时，家中要贴上"十二生肖图"以及佛手、石榴等剪纸。喜字也是剪纸中最为常见的一种。人们订婚、探话、娶亲等环节送给女方羊腿、酒、点心等礼品的包装上都要贴上大红"囍"字，意寓喜庆吉祥。

三是辟邪类。此类剪纸与当地的民间信仰、传统风俗密切相关。如端午节，乌拉特前旗农村家家户户门上贴有红公鸡的剪纸，有的除红公鸡外，还贴黄色的老虎。有的红公鸡口啄或爪踩蛇、蝎、蜈蚣、蛤蟆、壁虎等毒符。"端午鸡鸡黄老虎，叫你姐姐过端午"成为当时群众必行的两件大事。

乌拉特前旗的民间剪纸题材广泛，表现手法多样，形象夸张又不失真，风格古朴粗犷，充分体现了各民族杂居相处、多元文化相互渗透融合的历史人文背景。

寺庙壁画

明清直到中华人民共和国成立前，乌拉特前旗喇嘛教大为盛行，大大小小的召庙遍布全旗各地，召庙内画有精美绝伦的佛教故事，并供奉有泥塑佛像。与此同时，各地还建有众多的关帝庙、奶奶庙、龙王庙之类的庙宇，庙宇除彩绘精美的壁画外，还有廊画、檐画等民间绘画。

民间彩绘

正月十五点灯灯制作的彩灯，闹红火糊制的彩龙、旱船、彩伞、年画、鞋样、窗花、纸扎等手工艺品均要进行彩绘。

生活用品绘画

乌拉特前旗的生活用品绘画主要有炕围画、油布画、玻璃风景画、家具画几种。炕围画的制作过程是：用适量的皮胶和矾煮水刷墙打底，而后用墨汁打出边框，下配勾连"万"字形成"二道眉"，再用祥云图案开池，池内画上花鸟鱼虫、风景名胜、民间故事等图案，绘画结束后刷两遍清漆即可。炕围画盛行于二十世纪六七十年代。与炕围画同时兴起的还有油布画。将普通白市布按需要的尺寸拼接后，刷胶矾水打底，而后走边框，中间开池后用油彩画出想要的图案，最后上两遍桐油。与炕围画、油布画同时盛行的还有玻璃风景画和家具画。玻璃风景画是在玻璃的反面用油彩画上风景，刷上清漆即可。家具画是将新做的家具打磨好后，或开池，或随手用广告粉画出所需图案，最后刷清漆。

随着人民生活水平的提高和装饰艺术品的日益多元化，炕围、油布、玻璃风景等绘画已经逐渐淡出人们的视线，人们的火炕上铺的是纯毛地毯，墙上挂的是十字绣，麦秸、芦苇贴画，生活可谓多姿多彩。

民间故事广为流传

肥沃的土地、广袤的草原，吸引着无数英雄豪杰上演一幕幕波澜壮阔的历史话剧，散落了一地珍珠般的经典传说……

妇好结缘大河套

妇好，商朝君主武丁的妻子，生活于公元前12世纪前半叶武丁重整商王朝时期，是中国历史上有据可查(甲骨文)的第一位女性军事统帅。她不仅能够率领军队东征西讨为武丁拓展疆土，还主持武丁朝的各种祭祀活动。妇好与大河套结缘，是由于她率领军队征战大河套，打胜了中华民族在西北的自卫战争，捍卫了中华文明。

大约3000年前，地球经历了一次小冰期，全球气温急剧下降，靠狩猎和采集为生的古印欧人不得不向南迁徙。其中，讲希腊语的部落穿过巴尔干半岛，横扫希腊文明；向两河流域迁徙的亚述人将美索不达米亚数千年文化一扫而光。向南进入印度的印欧人征服了原住民，制定种姓制和民族隔离政策，使比中国起源更早的印度文明逐步衰亡；另外一支印欧人向东最终到达中国北部的内蒙古河套地区。

据甲骨文记载：有一年夏天，北方河套地区发生了由印欧人引发的疆域争夺战。印欧人与当地土著人的争夺相持不下，妇好自告奋勇，要求率兵前往。武丁犹豫不决，占卜后才决定派妇好起兵。妇好率领13000多名兵卒赶往河套一带与印欧迁徙者进行了殊死的战斗，彻底打赢了印欧人对中国发动的侵略战争。这场战争的胜利，"奠定了殷商时代200年的文化生活，为东亚及太平洋区域建立了一个伟大文明的新基础"。其重要性不亚于传说中黄帝的阪泉、涿鹿之战。

甲骨文中记载的妇好，久经沙场，文武双全。那时，商朝的都城（今河南安阳小屯村）正北的大河套一带有一个强悍的游牧部落土方，他们经常侵入商朝边境，掳掠人口、财物，成为商王朝的心头大患。于是，武丁命妇好出兵作战，只一仗，就打退了入侵的土方

部落。妇好率军乘胜追击，彻底挫败了土方。从此，土方再也不敢犯边，后被纳入商王朝版图。

武丁在位期间，开创"武丁中兴"的盛世。妇好活了30多岁，但她的文治武力深得武丁的赞赏。在妇好的戎马生涯中，先后率军击败了土方、南夷国、南巴方以及鬼方等20多个小国，为商王朝开疆拓土立下了不朽战功。特别是征讨印欧入侵者的河套之战，对于殷商王朝乃至整个中华民族，都具有伟大的划时代意义。

汉武帝甩鞭改黄河

相传，东海龙王的三太子贪色暴戾、骄奢淫逸、屡犯龙宫戒律，龙王难以管束而被罚往西北大漠充任黄河河神。龙王三太子任黄河河神之后，骄淫暴戾之气不但没有丝毫改变，而且勾结沿黄区域内的"土地""河伯"诸神欺压百姓、兴风作浪，搅得黄河流域水利不兴、稼禾不生、六畜不旺。为了生存，黄河沿岸的百姓不得不顺从龙王三太子的要求，每年选1000童女沉入黄河，充当龙王三太子的妻妾；另选1000童男沉入黄河，充作龙王三太子的仆人。每年龙王三太子的娶妻之日，是民间的大典，众百姓将准备好的牛、羊、马、驼等祭品沉入黄河，供龙王三太子享

黄河

用。汉武帝即位以后，匈汉关系虽有缓和，但乌拉山以北的北假之地上匈汉之间争地夺粮的战争不时发生。那时，黄河分为两支：北支为主河道，主河道从乌加河经乌拉山北麓穿过北假之地到达石门障后，顺石门沟流向西南与黄河南支河汇合；南支河则过乌拉山西山咀一路南行。西汉时，黄河主河道流经的北假之地因得灌溉之利，沃野千里，稼禾丰腴。大同川上，牛羊肥壮、粮豆飘香。已被秦汉大军追杀到大漠深处的匈奴，对大同川的物产觊觎已久。匈奴单于贿重金、美女、牛羊给河神龙王三太子。于是，龙王三太子、"土地"、"河伯"与匈奴单于相互勾结、沆瀣一气，千方百计与汉武大帝作对。有了龙王三太子的配合，匈奴单于有恃无恐，今天侵入边地进行掳掠，明天杀死汉军都尉。龙王三太子则配合匈奴的行动，呼风唤雨、兴风作浪，致使黄河今天决口、明天毁堤，扰得汉朝不得安宁。无奈之下，汉武帝只好亲临黄河瓠子口，将白马和玉璧沉入河中送给龙王三太子，并派汲仁、郭昌二位将军带领士卒堵决口、疏河道，恢复大禹治水时的黄河原貌。

对于汉武帝的所作所为，欲壑难填的龙王三太子仍不满足，仍然借助黄河施以逆行。为了制止龙王三太子的虐行，雄才大略的汉武帝决心去东海龙王那里讨个公道。泰山封禅大礼之后，汉武帝来到了东海蓬莱，东海龙王听了汉武帝的诉说后，自知理亏，便将一条马鞭送给汉武帝，请求汉武帝为其清理门户。

汉武帝一行10万人马沿着海岸行进。往北到达碣石，又经辽西开始巡行，经北部边境到达九原县，随后过石门障，顺固阳道来到光禄塞，登上了秦长城。站在巍峨的长城之巅，汉武帝俯瞰莽莽苍苍的群山，乌拉山下的黄河以及黄河两岸的大同川若隐若现。回想起上任以来龙王三太子的所作所为、匈奴的屡屡侵犯，汉武帝怒从心起，随手将东海龙王赠送的马鞭甩向空中。随着一声撼天动地的巨响，马鞭化作一道彩虹飞向乌拉山北麓，藏匿在黄河之中的龙王三太子在被马鞭

鞭梢捆绑之后，在虾兵蟹将的押送下回了东海龙宫。黄河从此也将主河道由乌拉山北改往乌拉山南，乌拉山北的北假之地失去了河水之利，重新成为荒凉的游牧之地。匈奴难以从大同川上抢得粮草、补充给养。由此，汉朝进入了和平发展时期。

汉武帝甩鞭改黄河的传说已经流传了千百年，有多个不同的版本。但古代黄河曾经由乌加河流入明安川，出石门沟（昆都仑沟）与乌拉山南黄河分支汇合东去，已被史学界认同。现在，人们仍能从古黄河流经的古河道中捡到贝壳等物。

两将军征战大河套

在李广打了败仗逃回汉营的同时，由公孙贺、公孙敖带领的军队也打了败仗，只有卫青打了胜仗。以后，卫青又连续打败匈奴，被封为关内侯。卫青出身低微，他的父亲是平阳侯曹寿家里的差役。卫青长大后，当了平阳侯家的骑奴。后来，卫青的姐姐卫子夫在宫里受到汉武帝的宠幸，卫青的地位才渐渐显贵起来。

霍去病是卫青的外甥。霍去病从18岁开始就在皇帝左右担任侍卫，他擅长骑马射箭。前123年，匈奴又来进犯，霍去病跟着卫青抗击匈奴。

匈奴听说汉军大批人马杀来，立即撤退逃走。卫青派四路人马分头追赶匈奴兵，决定歼灭匈奴主力。卫青自己坐镇大营，等候消息。可是到了晚上，四路兵马回来了，谁都没有找到匈奴的主力，有的杀了几百个匈奴兵，有的连一个敌人也没找到，无功而返。

这次出击，霍去病以校尉的身份带领800名壮士组成一个小队，这是他第一次带兵打仗。他们一直向北追赶了几百里路，才远远望见匈奴的营帐。他带手下兵士偷偷地绕道抄过去，瞅准最大的帐篷，猛然冲了进去，霍去病眼疾手快，一刀杀了一个匈奴贵族。他手下的壮士又活捉了两个。他们乘乱杀了2000多匈奴兵。卫青正在大营等得焦急，只见霍去病提了一个人头回来，后面的兵士还押来两个俘虏。经过审问，这两个俘虏一个是单于的叔叔，一个是单于的相国，被霍去病杀了的那个，是单于爷爷一辈的王。霍去病因此被封为冠军侯。

后来，霍去病多次打败匈奴西部的浑邪王，先后把他手下的几万兵士消灭了。单于非常恼火，要杀浑邪王，于是浑邪王打算向汉军投降。汉武帝得到消息后，怀疑敌人可能诈降，于是做了两手准备，先派霍去病率领军队接应浑邪王，嘱咐霍去病见机行事。霍去病渡过黄河后，见过浑邪王，派人把他送到武帝巡行的处所，再领着投降的匈奴兵渡过了黄河，平定了那些企图顽抗的匈奴人。汉武帝封了来投降的匈奴首领浑邪王等人职务，同时加封1700户的封邑给霍去病。

由于霍去病不畏艰险，接连不断地打击敌军，黄河上游的沿岸地区，几乎避免了战争带来的灾祸。

第二年，匈奴又入侵北平和定襄两郡，屠杀汉朝军民1000多人。

前119年，为了根除匈奴犯边的祸患，经过充分准备，汉武帝派卫青、霍去病各领5万精兵，分两路合击匈奴。卫青从定襄郡出发，穿过大沙漠，与匈奴的伊稚斜单于率领的精兵相遇，双方展开了激烈的战斗。卫青冒着扑面的沙砾，命令骑兵分左、右两翼夹攻匈奴。最后伊稚斜单于招架不住，只好带领残余的几百名骑兵向北逃去。

霍去病带领另一路人马也横越大沙漠，前进2000多里，大破匈奴左贤王，并一直追到狼居胥山下。

这次追歼战，是汉朝规模最大、进军最远的一次。从此以后，匈奴被迫撤到大沙漠以北，沙漠南面再没有匈奴之患了。此后，两将军征战大河套的故事也便一代一代地在大河套传开了。

足智多谋的飞将军李广

西汉边将李广是陇西郡人，曾长期征战在乌拉特草原一带。前166年，李广参军，随后率领大军抗击匈奴。有一次，匈奴军队大举进犯汉朝边境，朝廷派宦官与李广一起抗匈。宦官不守军纪，擅率几十骑纵马驰骋，途中遇三名匈奴人。宦官见对方人少，便带兵追杀，不料被对方将所率军士尽皆射杀，宦官侥幸逃回汉营。李广听了宦官的诉说，内心一惊："这一定是匈奴的射雕高手。"于是，亲率100余骑追赶三人。骑行了几十里追上了三名匈奴人，李广盘马弯弓，射杀三人。

这时，李广远远望见几千匈奴骑兵赶来，李广手下的百余名骑兵十分害怕，想策马回营。李广说："我们离军营远，如现在回营必定成为对方的活靶子。如留下来，对方会误以为我们是诱饵不敢攻击我们。"李广令骑兵前进，直逼对方军阵，而后又命令兵士下马卸鞍。果然，匈奴骑兵以为有诈而不敢进攻。双方僵持到半夜，匈奴怕汉军趁夜偷袭而后撤。李广和他的兵士平安回营。由于李广智勇双全、堪当大任，汉武帝即位后，李广调任未央宫卫尉。

马邑之战后，李广升任将军，在雁门关讨伐匈奴时，受伤被俘。

匈奴兵将他安置在两匹马之间用绳结成的网兜里押往匈奴大营。途中，李广假装死去，瞧见一匈奴少年骑一匹好马便纵身跃上马背，杀死匈奴少年，收拾残兵回到边关。

李广身材高大、两臂如猿，又因出身射箭世家，箭法非常了得。有一次，他外出打猎，误将远处隐于草丛中的石头看成老虎，弯弓射去后，整个箭头都射进石头。慑于他的威名，他所镇守郡地的匈奴人不敢轻易进犯。

前123年以后，李广又分别跟随大将军卫青、博望侯张骞、骠骑将军霍去病、右将军赵食其等将领与匈奴征战70多次，但因经常犯上，虽有"飞将军"的美称，却从未获得爵位和封邑。他60多岁时，因战场迷路贻误军情而受审，因不愿受辱而自刎。得知李广死讯，边地百姓痛哭流涕。从此，一代名将的故事在乌拉特草原上代代相传。

吕布策马平天下

吕布字奉先，东汉末五原郡九原人。吕布幼年和童年生活在九原一带。自赵国设县后，九原就一直成为历朝历代的军事重镇和屯兵之地。因此，在车辚辚、马萧萧的九原，吕布从小便习武尚骑，练就了一身弓马娴熟、膂力过人的本领。15岁那年，吕布的父亲去世，他便只身投奔并州刺史丁原。丁原见吕布勇猛过人，便让他做了骑都尉，驻守黄河以北。

189年汉灵帝死后，年幼的汉献帝继位。东汉王朝内部相互争斗，矛盾突起，政权在军阀的争斗中摇摇欲坠。

首先投入军阀割据战争的是董卓和丁原。阴险狡诈的董卓招降了吕布后，让吕布诛杀了丁原，并让他做了中郎将、都亭侯。董卓灭了丁原以后，欺君罔上，引起朝野上下不满。大臣王允便用美女貂蝉挑起董卓与吕布之间的冲突，吕布戟杀董卓后得到了貂蝉。

吕布诛杀董卓后，割据徐州。199年，吕布被曹操擒杀，时年不足40岁。

从九原升起的将星，陨落在历史的苍穹之中。将星陨落后，后人对其的评价褒贬不一：有见利忘义说，证据有吕布顺丁原、弃丁原，归董卓、弃董卓；有贪欲好色说，证据有吕布为貂蝉戟杀义父，成也女人，败也女人；有有勇有谋说，证据有吕布杀了董卓后，投奔了割据河北的袁绍，袁绍听说吕布曾连连反目，连义父都不放过，便设计杀害吕布，但被吕布设计逃脱。袁术派大将纪灵攻打未站稳脚跟的刘备，刘备出于无奈求助于吕布。吕布的部下劝吕布杀了刘备，吕布分析形势后，设计退了纪灵的大军，救了刘备。不论后人如何评说，对于吕布这样一个两千多年前的历史人物，我们大可不必用现代人的眼光去苛求。人中吕布，马中赤兔。毕竟，九原走出的吕布曾闪烁于三国的历史星空。

花木兰征战色尔腾山

北魏太武帝拓跋焘在位时期，北方游牧的柔然族不断南下袭扰。为了有效应对柔然族的侵扰，拓跋焘政权规定每户人家须出一名男丁赴前线与柔然作战。花木兰的父亲其时年事已高又体弱多病，家中的弟弟年龄尚小。为了代替父亲服兵役，花木兰决定女扮男装替父从军。花木兰从集市上买来马匹、鞍鞯，便辞别父母，从大同出发一路颠簸来到黄河岸边，而后又渡过黄河，顺着昆都仑沟到达黑山头（北魏时，被称为色尔腾山的乌拉特前旗白音察汗山、查石太山）一带。花木兰随北魏大军在黑山头一带与柔然军队征战数年，打败了柔然军队，控制了整个色尔腾山地区。由于机智勇敢，花木兰被提拔为将军，替北魏镇守北部边境。

柔然战败之后，原来归降柔然的高车族重新归降北魏。花木兰将一部分高车人安置在光禄塞南岸的乌苏图勒河畔（乌拉特前旗查石太山和白音察汗山一带），并在光禄塞周边大力推行屯田制，以解决军民供给不足的问题。

花木兰女扮男装从军十二载，马蹄踏遍色尔腾山。使命完成，凯旋回朝，花木兰恢复女儿妆，北魏皇帝念其戍边征战之功，赦免其欺君之罪，并力邀花木兰在朝中任职。花木兰婉谢皇帝后，毅然回乡照顾年迈的父母。

作为中国古代四大巾帼英雄之一的花木兰，深受中国人民尊敬，花木兰女扮男装征战色尔腾山的动人故事也在当地口口相传。

文姬落难西安阳

蔡文姬，洛阳陈留郡人，幼年曾随父母被汉灵帝流放到五原郡西安阳。

178年，五原郡发生地震，阴山崩裂，田土陷落，汉灵帝认为这是不祥之兆，便问诸臣缘由。蔡文姬的父亲议郎蔡邕说："这是因为皇太后干预朝政激怒了上天。"此语被宦官曹节听到后，马上报告给了皇太后。蔡邕因言所累，和妻子一起带着出生不久的蔡文姬被流放到了五原郡西安阳，在此过起了囚徒生活。

一代才女蔡文姬侍奉南匈奴左贤王十二年，用凄婉、悲愤、思乡的心情，写下了挥洒情感、才气超凡的《悲情诗》和《胡笳十八拍》。历史已经成为逝去的流水，但听胡笳声调哀婉、看秋去春来雁子的一代才女的英姿，则永远定格在人们的脑海。

雄霸草原的冒顿单于

冒顿是匈奴第一代单于头曼的长子，他在乌拉特草原建起了史上第一个由草原游牧民族组成的帝国。

冒顿能征善战、有勇有谋，但其父在生了小儿子之后，欲废冒顿立小儿子为太子。由此，冒顿便开始痛恨其父，随后，便趁打猎之机杀死父亲自立为匈奴单于。

冒顿工于心计。自立为单于后，东胡恃强向匈奴提出了要得到头曼在世时的千里马以及冒顿爱妻的要求。为了以屈求伸，冒顿将心爱之物送给东胡。东胡王得寸进尺，又提出了领土要求，冒顿大怒，说："土地是国之本，岂能拱手送人。"于是，他率兵袭击东胡，杀死了东胡王。其后，又向西攻打并赶走了月氏，向南吞并了楼烦和白羊，完全收复了被秦将蒙恬夺占的匈奴土地。当时，汉军正与项羽的楚军相持不下，中原一带被持续的战争打得疲惫不堪，汉王朝根本无力顾及匈奴。乘着楚汉相争，冒顿单于不断强化自己。他将所辖区域分成三部，以自己统领的单于庭为中部，左部驻东部，右部驻西部，为其后游牧民族两翼制军事制度的确立奠定了基础。由匈奴民族建立的国家，一跃成为雄霸草原的游牧帝国。

前201年秋，冒顿率兵围攻马邑。前200年，汉高帝率32万大军迎战冒顿。冒顿采取诱敌深入的策略，将汉军诱至白登山，并将其围困起来。刘邦无奈，只好疏通了冒顿的妻子，这才解了白登之围。白登之围后，从刘邦直到汉武帝，面对强大的匈奴，汉王朝只能采取和亲政策。

苏武囚禁卧羊台

苏武牧羊的故事在我国家喻户晓。乌拉特前旗民间还流传着苏武被囚卧羊台的传说。

卫青、霍去病打败匈奴以后，双方停战了几年。这时，匈奴已经失去大规模进犯中原的实力，于是表示要和汉朝和好，实际上还是想借机进犯中原。

前100年，匈奴觉察汉朝又有出兵的迹象，便派使者求和，还把汉朝的使者都放了回来。汉武帝为了答复匈奴的善意，派中郎将苏武持旌节，带着副手张胜和随员常惠出使匈奴。

苏武辞别了家人和文武百官，带着副手和随员，顺着秦直道。跋山涉水来到了匈奴聚居的卧羊台并送回汉朝以前扣留的匈奴使者，献上礼物。在等待单于写回信让他回去的时候，发生了一件意外的事情。

原来，以前有个汉人使者叫卫律，在出使匈奴后投降了匈奴。单于特别器重他，封他为王。卫律有一个部下叫虞常，对卫律不满，他跟苏武的副手张胜是战友，虞常和张胜在匈奴见了面，暗地跟张胜商量想杀了卫律，再劫持单于的母亲，一起逃回中原。虞常办事不够严密，泄露了计划，被单于抓了起来，交给卫律审问。

事情发生后，张胜害怕了，就把虞常跟他密谋的经过告诉了苏武。卫律审问虞常，用尽了各种酷刑，虞常经受不住折磨，把和张胜密谋的事供了出来。因为张胜是苏武的副使，单于命令卫律去叫苏武来受审。苏武对常惠等人说："我们这次出使匈奴，是为了汉朝与匈奴和好，如今我出庭去受审，使汉朝受到侮辱，我还有什么脸面回到汉朝去呢？"说着，拔出佩刀向自己身上砍去。卫律急忙把他抱住，可是苏武已经把自己砍成了重伤，血流如注，晕了过去。

单于暗暗佩服苏武，觉得他是个有骨气的人，他希望苏武能够投降，像卫律一样为他效劳。他每天都派人来问候苏武，想要感化苏武，劝他投降。

后来，卫律奉单于之命，用尽了威胁利诱的手段，都不能使苏武投降，只好回报单于。单于听说苏武这样坚定，更希望苏武投降。他下令把苏武关在卧羊台的一个大地窖里，不给饭吃，不给水喝，想用饥饿迫使苏武投降。但是，意志坚定的苏武却毫不动摇。

匈奴单于实在拿苏武没有办法，只好把苏武送到北海边上（俄罗斯西伯利亚贝加尔湖一带）去牧羊。单于对苏武说："等公羊生了小羊，就送你回汉朝去！"公羊怎么能生小羊呢？单于的意思很明白，他是决意不放苏武回汉朝了。

北海这个地方，终年白雪皑皑、荒无人烟，连鸟兽也很稀少。苏武饿了，就掘取野鼠洞里的草籽充饥。过了不久，单于又派人劝苏武投降，苏武依旧坚决拒绝。每天，苏武一面牧羊，一面抚摩着出使时汉武帝亲手交给他的旌节。日子长了，旌节上的毛都脱落了，可苏武还是紧紧地抱着那根光秃秃的旌节，艰苦地度过了漫长的岁月。

一直到了前85年，匈奴单于死了，匈奴发生了内乱，分成三个国家。这时候，汉武帝已经死了，他的儿子汉昭帝即位了。汉昭帝派使者到匈奴打听苏武的消息，匈奴谎称苏武死了，汉朝使者也就相信了。

后来，汉朝使者又去匈奴，苏武的随从常惠当时还在匈奴。他买通匈奴人，私下和汉朝使者见了面，把苏武在北海牧羊的情况告诉了使者。使者又惊又喜，他想出一个主意。见了单于，他严厉地责备说："匈奴既然有心同汉朝和好，就不应该欺骗汉朝。我们皇上在御花园里射下一只大雁，雁脚上拴着一条绸子，上面写着苏武还活着，而且在北海牧羊，你怎么说死了呢？"

单于听了吓了一跳，他还以为苏武的忠义感动了飞鸟，连大雁都代他传递消息呢。他向使者边道歉边说："苏武确实还活着，我们马上就放他回去。"

苏武到匈奴的时候才40岁，在匈奴遭受了19年的摧残折磨，胡须、头发全白了。回到长安的那天，长安的百姓都出来迎接他。他们看见白胡须、白头发的苏武手里还拿着光秃秃的旌节，没有一个不受感动的，说他真是个有气节的大丈夫。

王昭君的梳妆镜
——乌拉山小天池

在乌拉山的奇峰怪石之巅，静静地横卧着一池碧水。碧水晶莹清澈、水波不兴。就在这清波碧水旁，流传着昭君弃镜天池现的故事。

相传，称雄一方的匈奴经过汉武帝的连续打击后，实力大大削弱，加上干旱、暴雪等自然灾害频发，匈奴政权内部矛盾日益加剧。"五单于争主"事件发生后，汉王朝与归顺而来的呼韩邪单于修好。这时的王昭君早已被选入后宫，因后宫粉黛三千、佳丽如云，皇帝无暇一一召幸，便命宫廷画家毛延寿将宫女容颜画出，以便从中选幸。因王昭君不畏权贵、不行贿赂惹恼了毛延寿，毛延寿在给王昭君画像时，故意在脸上画了几个黑痣，使王昭君看上去十分丑陋。后宫冷清，处境凄惨，王昭君整日里对着镜子顾影自怜、苦熬时日。

前33年，匈奴呼韩邪单于入朝议和求亲，入宫数岁、不得见御的王昭君，萌生了与其冷落一生，不如为江山社稷和黎民百姓尽绵薄之力的念头。于是，她便自荐与呼韩邪单于成亲出塞。

王昭君收拾行装，特意将常伴于身的两块铜镜放入妆奁，随夫婿呼韩邪单于取秦直道，经九原郡向西沿阴山南麓台地，再经乌拉特前旗西南宜梁县、乌拉山镇西南的成宜县、乌拉山镇南的西安阳县，绕过西山咀卧羊台到乌梁素海东岸的河目县。夫妇二人以及随从晓行夜宿，遇山攀峰，遇水乘舟，沿路虽有驿站可供息宿，但长途跋涉的鞍马劳顿，已使久住宫中的王昭君疲惫不堪。视身体和面容为生命的王昭君，多么希望有一潭碧水洗去这一路风尘。然而，茫茫大漠、浩浩荒原，哪有滴水可用？一行人骑马牵驼踉踉跄跄、灰头土脸地来到河目县。他们查遍全县也没有找到一泓用以洗濯的清水，王昭君只能看着铜镜内沾满沙土的容颜独自哭泣。有道是"人在做，天在看"。王昭君出塞促和、为民请命的精神感动了西天王母，王母随手拔下头上的银簪向地下抛去。随着一道刺眼的白光和一声震天动地的轰响，烟波浩渺的乌梁素海出现在河目县的西侧。生在水乡泽国、长大后又生活在皇宫的王昭君一边在这清澈透明的碧水中清洗着自己的秀发，一边回想着自己的经历：自己因沉鱼落雁的娇容被选入宫，而后又被小人陷害，未能得皇帝临幸。其后，又是这容貌使得单于一见倾心。想到出塞时汉匈边境的白骨、苦苦挣扎的苍生，她暗下决心：此生将在北国相夫教子、耕田牧马。有这白云做帕、朝露为脂、河湖照影，要这铜镜何用！于是，她将贴身的铜镜奋力掷出，一双铜镜飘入层峦叠嶂的乌拉山。山巅之上，形如并蒂之莲的小天池由此生成。

王昭君夫妇在河目县休整数月，便起程赶往呼韩邪单于向汉宣帝请缨守护的位于旗域小佘太境内的光禄塞，并在此留居数年。

昭君出塞，结束了匈汉之间100多年的战争历史，王昭君的故事也被世世代代的人们传颂。

一门忠烈杨家将

宋朝时期，国家羸弱，民疲国贫。杨家将浴血奋战保国卫疆，用全族的牺牲铸就了中华民族不畏外侮、不怕牺牲的民族精神。

佘赛花比武招亲

1004年，辽圣宗及萧太后率20万大军攻打大宋，辽兵抵达澶州后被宋兵打败，双方缔结了历史上有名的"澶渊之盟"。乌拉特前旗所辖的佘太城归附了宋朝并成为首善之地，田禾丰腴，牛羊成群。

"澶渊之盟"缔结后的第二年，佘王夫妇产下一女，因其女面容姣好、宛若百花，佘王为其取名为佘赛花。赛花幼时，其母教习女红，赛花一点就透、一看便通；其侍教习琴棋，赛花宛若故旧、抚琴成音；其父教习武术，赛花枪棒娴熟、技艺超群。在众人的教习之下，佘赛花刀枪、棍棒无不精通，琴棋书画尽在胸中。转瞬间，赛花已成二八佳人，其婚配成为佘王夫妇的心中之梗。佘王夫妇托亲找媒，为赛花招婿，但赛花不为所动。宋景德年间，宋辽之间虽有"澶渊之盟"，但辽宋边境冲突仍然不绝。佘王虽然投靠了宋朝，但在宋弱辽强的形势下仍脚踩两船，归势不稳。这年秋天，其父再次提及成婚，赛花提议："爹娘议婚我赞成，但成婚者须与我打擂，我将与擂主成婚。"女大不由娘，佘赛花比武招亲的事，就这样在四乡八里传开了。

佘赛花比武招亲就定在这年的元宵节。大同川周边的宜梁、成宜、西安阳、河目等地的军民蜂拥而至，去看过去由说书人演绎的段子，去看即将出场的英雄。

佘王城比武招亲的告示贴出两天后，来自中原与北国的众多好汉均被赛花拳打脚踢打下擂台。第三天傍晚，固守北疆的宋将杨业步入场中，一番拳脚将赛花打败，赛花践诺嫁与杨业。佘赛花嫁给杨业后的十几年，辽宋边境上的人民得以休养生息，杨佘夫妇也生养了五男二女。

杨氏父子殒命沙场

1031年，契丹趁宋与西夏打仗之机，向宋朝索取晋阳及瓦桥以南的十县地。在重兵压境的情况下，宋朝答应每年给辽绢十万匹、银十万两。

据守天德军镇的杨业眼看国土沦丧、民不聊生，率杨家五子与契丹拼命，但因朝廷腐败、后援乏力，986年，宋军于岐沟关大败，宋将杨业被俘后，在被押往契丹大营途中，经狼山李陵碑时碰碑而死。其五子除杨五郎出家外，其余四子尽皆战死。

佘太君挂帅出征

986年之后，宋军大败。杨家将一家仅剩佘老太君和五个寡妇、八姐九妹以及烧火丫头杨排风几人。这时，腐朽的朝廷一时无良将可派。佘老太君擦干眼泪，求得皇上恩准，亲自挂帅，率领杨家众女将直奔边关。队伍到达阴山山脉的一座山口，放眼望去，辽国兵营尽收眼底。佘老太君下令就此安营扎寨、筑土为城，准备与辽兵决一死战。杨家军安营扎寨完毕后，老太君令烧火丫头杨排风将自己的龙头拐杖插入地下，拴住战马；然后令众媳妇和八姐九妹摆下阵势迎战辽国大军。

两阵对圆，一敌将执双锤出阵挑战，杨红玉当先出马，战不数合，诈败退阵。辽兵乘势掩杀过来，佘老太君下令后队做前队，火速撤退。辽兵欺杨家将皆为女流，毫无顾忌地追杀过来，佘老太君待到辽兵已全部进入埋伏圈后将令旗一招，只听两侧号炮齐鸣，喊声震天，杨排风及八姐九妹两支生力军如利剑般直扑辽兵。佘老太君也指挥队伍掉转马头，杀奔敌群，敌人被这突如其来的埋伏惊得魂飞魄散，杨家女将手舞大刀长矛，左劈右砍，直杀得辽兵尸横遍野、鬼哭狼嚎，连夜逃回北国。杨家女将大获全胜，收兵回营。

此战之后，半月无事，佘老太君与众将议国事、讲辽情。几日之后，辽军卷土重来，佘老太君率众多番抵抗，但因寡不敌众，只能节节败退。

一门忠烈血溅卧羊台

在辽军的强大攻势下，杨家军节节败退到了乌拉山西山咀豁口。杨家军是人困马乏、伤兵累累。稍事休整后，老太君问起："此地何名？"答者曰："西山咀卧羊台。"老太君听罢仰天长叹："带兵者忌谶语，吾杨家休矣。"话音未落，伏于卧羊台周边的辽兵虎狼般涌来，一门忠烈杨家将便血溅卧羊台。

草原上的"梁祝"
——龙女与山仙的故事

在白彦花镇点布斯格庙西南有一处美丽的湖泉，湖泉周围长着七棵老柳树，倚山坡而出，古树形状奇特，树身卧地而生，躯干粗壮，弯弯曲曲，起伏隐现，犹如巨龙卧地，当地牧民称之为"龙树"。树下有泉水，无论洪旱，古树都枝繁叶茂，乌拉特蒙古部族人称之为"龙泉神树"。相传，1648年乌拉特蒙古部族人迁徙于此时，这树就枝繁叶茂。七棵柳树方圆200多平方米，最高者达七八十米，最粗者直径4米。树干蜿蜒起伏，互相缠绕；树根破土而出，又没土而入，神似几条蛟龙在盘游。岁月沧桑，老树干却应四季而动，冬眠春醒，枯枝落叶处又生新枝，成为山沟里的一道绚丽风景。但凡上山到点布斯格庙烧香的乌拉特百姓，返回时都会到此祭拜。因此，树上常有哈达随风飘舞。

这七棵奇特的老柳树和甘甜长流的泉水，为什么会受到当地百姓的敬仰与祭拜呢？这是因为龙泉神树附着一个有着700余年历史的古老传说。

很久以前，乌拉山景色极为幽美——苍松翠柏滴绿，山花青草铺垫，千羊万鹿奔突——被誉为人间仙境。治理有方且勤劳智慧的乌拉山山仙，每日例行视察，处理完山间的大小事务后，就会坐在乌拉山山顶，一边俯瞰山间美景、欣赏游云红日，一边吹奏心爱的长笛。

乌拉山山仙的笛声许是沾了山间的灵气，婉转悠扬，萦绕山间。恰巧，美丽善良的龙王女儿每天都会到海边玩耍，从远方传来的动听笛声，时时萦绕在她的耳旁。久了，龙女就想知道是谁吹出这悦耳的笛声。终于有一天，她按捺不住悸动的心，腾云驾雾，顺着笛声传来的方向飞去。当龙女飞到乌拉山上空时，远远地看见一个青年男子正在聚精会神地吹奏笛子。她忍不住想看个究竟，就悄悄地落到山仙的面前。笛声戛然而止，二人四目相对，半晌无言。龙女的眸子里是英俊潇洒的山仙影像，山仙眸子里是美丽脱俗的龙女倩影……龙女不惜触犯龙宫宫规，留在乌拉山与山仙私自成婚，建立家庭。两人琴瑟和谐，互敬互爱，生活得非常幸福惬意。虽然龙女有时会暗暗担心被父王找到，但凭着乌拉山的绿色屏障，一直平安无事。

一眨眼九年过去了，龙女和山仙恩爱如初，一连生了七个儿子。一家人快快乐乐、和和美美。然而，好景不长，威严的龙王终于探听到了女儿的下落并勃然大怒。一天，龙王趁山仙带着七个儿子外出，出其不意地用一股龙卷风把龙女卷到龙宫，责令她永世不得出宫。尽管龙女苦苦哀求，但残暴的龙王不为所动，并传下口令：如果龙女胆敢踏出龙宫半步，就杀掉山仙和孩子们。山仙得到消息后，虽然屡次营救，但终因法力有限，无功而返。这样，一边山仙照顾着七个孩子，每天都盼望奇迹出现，妻子能够归来；另一边，龙女日日以泪洗面，思念着自己的丈夫和儿子，痛苦万分。当听说山仙因为伤心至极，荒误了乌拉山的治理后，龙女便动用意念，将自己的泪水化作一股地下清泉潜流至乌拉山，鼓励山仙振作起来。

一天，正在对空吹笛子的山仙突然发现自家附近涌出一股清清的泉水并缓缓流向西南，于不远处沉入沙滩。山仙一下明白了，这是龙女的泪水。山仙当即跪地痛哭，看到这股泉流，仿佛自己深爱的妻子就在眼前。于是，山仙振作精神，治理乌拉山，抚养七个儿子。后来，山仙领着七个儿子在泉水旁种下七棵柳树，寓意母子情深，让柳树与儿子们一起守护这片美丽的土地。说也奇怪，这七棵柳树经清泉滋润枝繁叶茂、长青不衰，并越长越相互缠绕，根如虬龙，就像七个孩子依偎在母亲的怀抱。后来，有人说，这就是龙女的七个儿子给母亲的承诺：要团结一心，永不分离！

世事沧桑，斗转星移。乌拉山依然屹立，斯人已经逝去，但动人的传说、凄美的故事还在代代相传、据当地人说，龙泉和神树都不能侵犯。如果折枝或把脱落的树枝捡回去，或是在泉水里嬉戏洗漱（喝可以），都会受到断指等惩罚。这是龙女在保护自己的孩子不受伤害，守护着自己曾经温暖的家。

文娱活动异彩纷呈
二人台

清末，山西、陕西、河北一带的农民陆续来河套地区租地、揽长工，晋、陕、冀的山西梆子戏、河北梆子戏、秦腔随之传入河套。夹杂其中的民间艺人，为了挣钱养家，临时搭班，在村头空地踢开场子演唱，也在事宴、寿宴、酒宴上演唱，有的时候如正月里拜大年、正月十五闹红火，也有他们的一席之地。随着时间的推移，河套地区原有民歌以及其他文娱形式与山西、河北的梆子戏，陕西的秦腔曲牌相互融合、重组，形成了韵味独特的"二人台"，也称"西部二人台"。二人台演员由二人、三人、

二人台演员

四人等组成，常用的乐器有笛子、扬琴、鼓、镲、锣、四片瓦等。演出的内容反映了当时当地劳动人民的生产生活状况。二人台出现之初，不分角色，不加脸谱。后来引入古装戏及晋剧、京剧，出现了小生、小旦、老生、老旦等角色，动作也加入了鞭舞、扇舞、绢舞等形式。1933年以后，外省民间艺人大量涌入河套，当时的扒子补隆、大佘太、哈拉汗等地常年有二人台固定小班登台演出。

经过100多年的发展，西部二人台在服装、道具、配器、布景、唱腔等方面有了很大的改进，其演唱内容也以讴歌新生活、鞭挞假丑恶为主题。目前，乌拉特前旗二人台已普及城乡，农村的赶交流、牧区的那达慕有二人台专场，城镇社区的文娱活动有二人台演出，"三下乡"活动有二人台剧目：西部二人台正在传承中推陈出新。

那达慕

那达慕是蒙古族传统的娱乐和艺体竞技活动。多少个世纪以来，每逢庆祝战功、祭旗点将、祭祀敖包、庆贺丰收等重大活动，都要举办那达慕大会。

蒙古族是个尚武的民族。那达慕，蒙古语，意为娱乐或游戏。那达慕大会上有摔跤、骑马、射箭三项游艺活动，统称"男儿三艺"。现在的那达慕大会的会期选在每年七月或八月份牲畜肥壮的季节。那达慕大会十分隆重，举办地周边的牧民身穿节日盛装，扶老携幼，乘车骑马赶来赴会。远近的商贩也云集会场，搭棚开店，出售物品，收购皮货。那达慕最引人眼球的是摔跤比赛。比赛开始，几名有威望的长者领着摔跤手入场，场上唱起浑厚、雄壮的摔跤歌，摔跤手模仿雄鹰的动作跳起鹰舞进入赛场。比赛中，摔跤手躲、闪、腾、挪，寻找战机，直到战胜对手。

蒙古族是马背民族，那达慕大会的赛马也引人入胜。比赛时，选手们身着蒙古袍、脚蹬高筒靴、头扎彩带、腰束彩绸，数十匹骏马一字排开，发令枪响，骏马如离弦之箭，你追我赶，奋勇争先。

随着时代的发展，传统的那达慕盛会被赋予许多新的内容，如利用那达慕大会进行招商引资、项目洽谈，举办乌拉特民歌演唱比赛、琴棋书画比赛等活动。那达慕大会上这些历史悠久的传统竞技项目，正焕发勃勃生机。

赶交流

交流会（庙会）是乌拉特前旗一年一度集文化娱乐、生活用品购买、农畜产品出售为一体的盛大文娱商贸活动。交流会一般在每年牛羊肥壮、粮食登场的九月或十月举行。届时，忙碌了一年的农人们放下手中的农活，穿新衣、戴新帽，扶儿抱女赶赴会场。交流会场上人头攒动、摩肩接踵。会场主街的两侧搭满了帐篷，篷内摆满了琳琅满目的日用商品，人们或驻足观看，或讨价还价，整个交流会场肉香、菜香萦绕弥漫，叫卖之声不绝于耳。人们在人山人海中品尝美食、购买商品、交朋结友，尽情享受着这一年一度的红火光景。

交流会的会期一般为7~10天。交流会期间，除剧场昼夜上演二人台、晋剧等专场外，还有驯兽、大棚歌舞、露天电影等文娱活动。随着城乡物质文化生活的日益丰富，交流会的购物功能已经弱化，取而代之的是商贸洽谈、物资流通。举办方在文化搭台、经贸唱戏的同时，也给交流会赋予了时代色彩和新的功能。

点灯灯

正月十五是上元节，也叫元宵节、灯节。每年从这一天起，乌拉特前旗农村便开始了为期三天的点灯灯活动。备长10.2米的长杆一根（俗称"老杆"）、长1.2米的短木杆360根，每根短木杆头置一个直径25～30厘米的朝天开口的小灯笼，并用五彩纸糊好，灯笼中放一盏用糕面制作的小油灯。长木杆顶端置一个制作精美的大灯笼。在点灯灯会场正北或正东门外几米处搭一高台，俗称"三官庙"。参拜"三官庙"后，把设置在九曲黄河阵内的360盏灯点着，便可沿着弯弯曲曲的九曲黄河阵进行灯游。顺利者，可走出阵门；误入歧途者，则难出阵门。老杆栽在阵门口，顺利走出阵门者，抱老杆以迎吉纳祥，民间称孕妇抱老杆可生儿子。一晚上的活动完结后，上了岁数的老人们便将小灯笼里的灯盏悄悄带回家中点上一夜，第二天放回原处，用以祈求四季亨通、豁达畅明。

跑旱船、老汉推车

跑旱船和老汉推车常夹杂在扭秧歌的队伍中。旱船的船身木制，船顶的四角系彩绸扎花，船底外侧裹水波纹布或纸，船内系一条彩带。表演时，姑娘将彩带挂在肩上，船离地面。姑娘走动时，船如行水面。扮艄公者手持木桨、头戴斗笠，随着鼓点节奏表演水中行船的各种动作。船外，装扮成傻小子的戏耍坐船女和艄公，以增加演出的滑稽效果。

老汉推车用的小车木制，长约3米，宽约1.5米，高约2米，用彩布将篷围起，姑娘将布带挂在肩上状似坐车。车前有一至两名少女拉车，后有一老汉推车。车外，装扮成傻小子的戏耍坐车、拉车的女子。

踩高跷、舞狮、耍龙

踩高跷、舞狮、耍龙是乌拉特前旗城乡传统的文娱活动。

高跷，即由两根木棍凿开榫卯装上人可站脚的横杠。踩高跷，即脚放横杠后用绳将高跷与腿脚绑死，而后演员按各自扮演的角色做出跌、闪、滚、爬等高难度动作。

舞狮用的狮子头由竹皮编成糊以彩纸，狮身用仿制狮皮做成。表演时，两人将狮皮披在身上，一人充当狮头和前腿，另一人充当狮身和后腿，两人默契配合做出狮子滚绣球等各种动作。

耍龙用的龙由木架、布制成，长6米左右。表演时，需要雌、雄龙各一条。雄龙身长、头大、角大，雌龙各部比雄龙稍小，龙身下部每隔1.5米左右有一根龙杆。表演时，领舞者手持红布包裹着的龙珠，上下挥舞，左右逢源，指挥两条龙上下翻飞、腾云驾雾。乌拉特前旗城乡在每年的农历正月十五、二月初二以及其他隆重场合表演这三项杂耍。

西口长歌

"哥哥你走西口，小妹妹我实在难留，有两句知心语，哥哥你记心头……"悲凉凄切的倾诉回响在西口古道。300多年的移民迁徙，河套先民们用驴骡的踢踏嘶鸣和妻儿们的啼饥号寒汇成了一首令人心悸的西口长歌。

"走西口"俗称"走口外"，清代一般指明长城以南的山西、陕西、河北等地的人们到长城以北地区谋生的社会现象。所谓的"口"指明朝隆庆年间俺答汗在明长城沿线开设的"互市"关口。一般称大同以东的张家口为"东口"，大同以西右玉县的杀虎口为"西口"。以后，凡越过长城到塞外谋生者，都被称为"走西口"。

"走西口"的人大体分为两支：一支为山西人，他们通过杀虎口进入蒙地；另一支为陕西人，他们出长城进入蒙地；也有甘肃、宁夏一带人渡过黄河进入蒙地。

据《明史纪事本末》记载，明朝中后期，山西、陕西、河北一带的农民便开始越过长城到口外"雁行"种地。当时，明朝政府颁布政令，不让"走口外"租种地的人们带家眷，农民们只好像大雁一样春去秋归，故人们称他们为"雁行人"。与蒙地相邻的晋、陕等地，干旱少雨，土地贫瘠。明以后，该地区的战乱相对较少，通过休养生息，人口增长迅速，人多地少的矛盾日益突出。康熙三十六年（1697年）开边以后，晋陕之人纷纷涌入蒙地，他们在蒙地租蒙人及喇嘛的土地进行耕种，租地或蒙汉伙种者向朝廷按牛犋交租、交草。

清初，租种土地最早以边墙为界线。其后，为保证蒙、汉两族不相混杂，又于陕北及准格尔等地划定界地，设置缓冲带，缓冲带的土地不许耕种。

"走西口"作为一种社会现象，晋、陕等地频发的自然灾害、人口激增、土地兼并为其主要诱因，但私垦及放垦政策则为其社会因素。

吟唱了300多年的西口长歌已经曲终音静。当年"走西口"人的后代正承祖立业，用勤劳的双手建设着自己美好的家园。

果硕粮丰　沃土流金

HUASHUONEIMENGGUwulateqianqi

果硕粮丰　沃土流金

GUOSHUOLIANGFENGWOTULIUJIN

多样化的自然条件，孕育了多样化的农畜产品；多样化的农畜产品，催生了多样化的饮食结构；多样化的饮食结构，积淀了大河套多样化的饮食文化。

面粉走进中南海

乌拉特前旗深居亚欧板块内陆，属于典型的温带大陆性气候。全年日照时间3210.8～3305.8小时，太阳辐射总量146～152大卡/平方厘米，平均气温6.1～7.6℃，日均温差13～14℃。较大的昼夜温差、较长的光照时间和无霜期，适宜春小麦的生长；独特的自然条件，远离污染的种植环境以及便利的黄灌、井灌条件，使旗域内生产的小麦颗粒饱满、容重高、品质优，且绿色、有机、无公害，成为国家发改委立项的全国唯一的规模化优质春小麦生产基地。用当地小麦研磨的面粉，绿色、有机、筋道，是面粉之上品。

特产享誉国内外

乌拉特前旗地域广阔，地貌齐全。适宜的土壤、日照、降水、气温等条件，满足了粮食作物的生长。秦始皇统一华夏后，命蒙恬率30万将士屯垦戍边，在北假及九原郡一带种植糜黍、胡麻、莜麦、荞麦等作物。由于气候适宜、作物适地、食材适口，战国后期的政治家兼巨商大贾吕不韦在品尝这里的糜黍后，在与门客共同撰写的《吕氏春秋》中发出了"饭之美者……阳山之糜"的慨叹。

糜米、黄米

糜子，原名黍，禾本科，属一年生草本第二禾谷类作物。性黏者为"黍"，去皮后俗称"黄米"；不黏者为糜，去皮后俗称"糜米"。乌拉特前旗后山地区种植的糜黍因土壤、温差等优越的自然条件，糜米、黄米粒大，粒圆，金黄色，用于煮饭、做糕，香气扑鼻，糯香绵口，回味悠长。用糜米制作的酸饭，酸甜适口，老少兼宜，是传统的有机绿色食材。糜黍还是中国传统的中草药材之一，主治气虚乏力、中暑、脾胃虚弱等杂症。

谷米

古称粟，一年生草本，去皮后俗称"小米""谷米"。乌拉特前旗后山地区种植的谷子粒大而圆，富含蛋白质、脂肪和维生素，并含有人体所需的胡萝卜素、烟酸、

莜麦

谷子

钙、铁等元素。谷子与中国北方原始农业同生。谷米可养气补虚、补血健脑，是老人、孩子及产后妇女的首选食材。

莜面

莜麦喜凉爽、耐干旱，属一年生植物，其颗粒炒熟后研磨成面粉，俗称"莜面"。乌拉特前旗乌拉山半干旱冷凉区和后山干旱冷凉区具有悠久的莜麦种植史。这里种植的莜麦籽粒饱满、颗粒匀称。当地人收获莜麦后，放入大铁锅炒熟，而后研磨成粉；蒸莜面时再用

开水将莜面烫熟，谓之"莜面三熟"，即炒熟、烫熟、蒸熟。用上述方法制作的莜面食品香气扑鼻、入口筋道，用羊肉汤或酸辣咸甜的浓汤拌而食之，可令人食欲大增。莜面是后山人家喜爱的三件宝（山药、莜面、大皮袄）之一。

莜面营养价值很高，蛋白质含量分别高出大米100%、玉米75%、小麦66%；脂肪是大米的5.5倍、面粉的3.7倍。莜面低糖，富含维生素、叶酸、亚油酸、钙、磷、铁、锌、锰等矿物质，是糖尿病患者和中老年人常食的保健食材。

荞面

一年生草本植物，喜凉爽、湿润，籽粒收获后去皮研磨为荞面。荞面富含芦丁、蛋白质、赖氨酸、铁、锰、锌、铬、烟酸等元素，常吃荞面制品可降血糖和胆固醇、抗菌消炎、补血益气、保护视力。荞

荞麦

麦在乌拉特前旗后山地区大量种植。目前，全旗已建成后山地区20万亩旱作小杂粮种植产业带。

豌豆面

豌豆属草本植物，颗粒研磨成粉称豌豆面。豌豆面富含脂蛋白、碳水化合物、叶酸、维生素、纤维素、硫氨酸、核黄素、烟酸等元素。豌豆面味甘、性平、归脾，是中老年人和孕妇滋补的首选食材，乌拉特前旗后山地区常有种植。

胡麻油

胡麻籽收获后用铁锅炒熟、石碾碾碎，再用重物挤压成油。胡麻因适宜凉爽、湿润的气候，故乌拉特前旗明安、小佘太等地多有种植。胡麻油色泽红黄，榨油时，胡麻籽先经铁锅烘炒，再经自然挤压，成油后味道纯厚。炸制各类食品色泽金黄，香气袭人；调制凉菜时，将油炝锅后放入扎蒙（生长在乌拉山北侧坡梁上的一种开粉红小花的香草），胡油与香草相得益彰，其香溢庭盈院、半日不绝，令人舌尖生津、味蕾绽放、食欲大振。

黑柳子西瓜、白梨脆甜瓜、灯笼红香瓜

先锋镇黑柳子位于乌拉山冲积扇边缘，山洪淤积和黄河古河道变迁，遗留下了以壤土和沙壤土为主的土壤，肥沃的土壤给瓜类生长提供了最佳条件。黑柳子位于乌拉山南麓，年均气温7.2℃，是全旗光照最为充足的地方，较大的昼夜温差、充足的光照，又为瓜类糖分以及其他成分的生成创造了条件。好地出好瓜。黑柳子种植的西瓜因其个大、皮薄、籽少、瓢沙、绵甜，

河套金瓜

深受消费者青睐。黑柳子种植的灯笼红香瓜因其形似灯笼，入口绵甜香脆而享誉市场。黑柳子种植的白梨脆甜瓜因其形状如梨、乳白鲜亮、清脆香甜而大受欢迎。目前，全旗已建成以黑柳子地区和套区为主的6万亩西甜瓜种植产业带。

大有公小瓜

西小召镇大有公村位于后套北部平原温凉区，气候温和，土壤为灌淤土。特殊的土质、温和的气候，使这里生产的蛤蟆皮、虎皮脆小瓜清香甜脆，回味悠长。瓜熟时节，沟渠流翠，阡陌飘香，商贾食客闻香而至，大有公小瓜大受追捧。

河套蜜瓜

河套地区土地肥沃、光照资源丰富、昼夜温差较大，这些得天独厚的自然条件为河套蜜瓜的生产创造了条件。河套蜜瓜外形浑圆，色泽油黄，单体重量为0.5公斤左右。河套蜜瓜味道独特，瓜瓤同时具有梨、苹果、蜜桃、香蕉的味道，清香甘甜，乃瓜中上品。

大佘太葫芦（倭瓜）

乌梁素海东岸的大佘太—马平川，气候温和，土地肥沃，优越的自然条件为葫芦的种植打下了基础。"水葫芦旱瓜"引洪淤灌、库灌、井灌等多重灌溉，使这里种植的葫芦个大、肉厚、甜糯、绵柔。"大佘太的

葫芦西水道的瓜，圐圙补隆的烟叶人人夸"，这句民谣道出了人们对大佘太葫芦的喜爱。

圐圙补隆烟叶

位于莫楞河畔的苏独仑镇圐圙补隆村，土地肥沃，灌溉便利。这里种植的烟叶叶片薄大、色泽金黄、口感柔和，深受烟民喜爱。目前，全旗已建成以苏独仑为主的0.8万亩烟叶种植产业带。

葵花

乌拉特前旗优越的灌溉条件、光照条件、土壤条件适合葵花生长。这里生产的葵花籽个大、籽仁长、皮薄仁足。大量的葵花经加工后售往全国各地以及中亚、东亚、西亚、欧美等地。目前，全旗已建成沿黄70万亩葵花产业带，年产葵花1.7亿公斤左右。

向日葵

乌梁素海板瓜（鲫鱼）

水肥草美的乌梁素海盛产板瓜（鲫鱼），这里的板瓜刺少、肉厚、肉质细嫩、营养丰富。每年开河之际，商贩叫卖之声不绝于耳，

水肥鱼跃的乌梁素海

人们在祥和之中，尽情地享受着大自然赐予的舌尖上的美味。

黄河鲤鱼

过境长153千米的黄河，不仅给乌拉特前旗送来了神奇的天上之水，也送来了舌尖上的美味——黄河鲤鱼。黄河鲤鱼因其色泽金黄、肉质细嫩、味道鲜美、蛋白质丰富、营养价值高而闻名遐迩。

乌拉山羊肉

横亘于乌拉特前旗东南部的乌拉山，不仅承载了厚重的人文历史，而且赐予了人们鲜美绝伦的食材——乌拉山羊肉。乌拉山的山崄之间，生长着100多种中药材，生长在乌拉山上的乌拉山羊，从出生就在百草中散步觅食，故而乌拉山羊肉肉厚筋壮、鲜美无比。

溜达鸡

乌拉特前旗农牧民家庭大都有养鸡的习惯。太阳出山，鸡鸭下架，三五成群的鸡鸭要么在山间草地追逐嬉戏，要么在田间地头捉虫觅食；太阳落山，鸡鸭归舍，饱食绿色食品的鸡鸭呼朋引伴，踏上归途。日复一日，整日溜达的鸡鸭们变得肉肥体硕。于是，一味鲜美的食材也就在鸡鸭们的溜达中形成了。

农家猪肉

乌拉特前旗的生猪饲养也有悠久的历史。农家养猪从时间上分，有当年猪、隔年猪；从方式上分，有圈养和散养两种。猪娃捉回农家后，农家将泔水、玉米面、麦麸、米糠等自产的食物喂猪，有的农家还将灰菜、苦菜、沙蓬等野草作为喂猪佐料。由于食物种类杂，农家猪膘实肉厚、味道鲜美。每年的大小雪之间，是农家杀猪的集中时段。这段时间，村村飘香，户户喜宴。膘肥体壮的燎毛猪放在火炕上，农民的大铁锅咕嘟嘟地做着香气四溢的槽头肉烩酸菜，餐桌上摆满了现炒的猪肝、里脊和农家鸡蛋。远亲近邻们呼朋引伴，或开车，或骑车，欢欢喜喜地参加农家一年一度的"猪事宴"，分享丰收的喜悦，共同祈盼来年的畅达。"猪事宴"作为一种特殊的饮食文化，已经融入到了河套文化中。

先锋枸杞

先锋镇位于中滩平原，土壤为有机质含量较高的草甸淤灌土，热量资源为全旗之最。这里生产的吕布红枸杞粒大、皮薄、肉厚、籽少、味甘，富含人体所需的维生素、氨基酸和多种微量、常量元素，是天然无污染的绿色保健食品。先锋枸杞已有40多年的种植历史，近几年，先锋枸杞在走上产业发展道路的同时，注重枸杞品质的提升，先后引进品质更优的黑枸杞等品种，并在枸杞精深加工上下了大功夫。先锋枸杞产量占到全国总产量的1/7。目前，全旗已建成以先

又是一年采摘季

锋为主的6万亩枸杞产业带。1997年，先锋镇被内蒙古自治区确定为枸杞种植示范基地，先锋镇从此有了"全国枸杞第一乡"的美誉。

明安黄芪

明安镇位于乌拉山和白音察汗山之间的干旱冷凉区域，土质大部为淡栗钙土。日照、土壤等条件为耐寒、耐旱、适应性较强的黄芪种植奠定了基础。明安黄芪的种植有悠久的历史。由于自然条件独特，这里种植的黄芪主根粗壮，株高1~1.5米。因质量好、需求量大，明安黄芪畅销海内外。目前，全旗已建成以明安为主的0.61万亩黄芪种植产业带。

舌尖上的美食等你来

乳食品

食肉饮酪是蒙古民族的传统饮食习惯，乌拉特蒙古部族有乳品制作的传统技艺，也有独特的乳食文化。乌拉特草原的乳食品包括饮品、奶食品两部分。饮品有奶茶、奶酒、酸奶等。奶食品有黄油、白油、奶酪、奶豆腐等。

手把肉

手把肉是乌拉特前旗各民族办事宴、招待尊贵客人时餐桌上必备的传统肉食品。制作时，选乌拉山羊一只，屠宰后将肉切成大块放入铁锅，加凉水咸盐原汁烹煮，水沸出锅。其

肉原汁原味、鲜嫩无比。如果想吃出手把肉独特的风味，还可佐以芝麻酱、香油、韭菜花、腐乳、辣椒油等蘸料。

烤全羊

烤全羊是蒙古族招待最尊贵的客人时餐桌上的一道主打特色佳肴。烤羊时，主人用乌拉山特有的崖柏作底火，烤至色泽红润、皮脆里嫩即可。食用时，先将烤熟的全羊脖上系一红绸，将羊伏卧在大木盘中端入餐厅让客人观看，以示尊重，而后端回厨房改刀。上桌时，先上脆皮，后上肉块，最后将剩余骨肉全部上桌。吃烤全羊，用葱段、酱、蒜泥等料佐之更为鲜美。

羊背子

羊背子是蒙古族人家婚宴、喜庆节日、待客的主打佳肴。羊屠宰后，将羊脊的第七根肋骨至尾部割为一段，再割四肢、头、胛各一件，连同羊尾入锅。煮熟后，将全羊各部复位装入铜盘上桌。开席时，主人先唱颂词，后由尊者或长者将肉割开。食用时，入席者每人用刀从羊尾上割条肥肉入口；其后，食用其他部位。

猪肉烩酸菜

猪肉烩酸菜是河套各族群众都喜好的特色农家菜。深秋时节，大白菜采收完毕，大家小户将收下

的大白菜去帮后一破为二，经清洗放入瓮中，放一层菜，均匀撒上少许盐，上压石头腌制15～20天，白菜在菜水的腌渍下，菜叶由绿变浅黑，菜帮由青白变为浅黄，此时，便可食用。烩菜时，取家养当年或隔年猪五花肉若干，切成一平方寸左右的片状放入铁锅，经文火将肉煸炒至油出肉黄，再加入花椒粉、大料粉、干姜粉、葱段、蒜泥、酱油等佐料提香。而后，将土豆块、洗好切碎的腌酸菜放入锅内文火焖烩，菜绵肉烂即可出锅。猪肉烩酸菜将酸菜的酸香与猪肉的油香相互融合，猪肉入口即化、肥而不腻，酸菜酸而不烈、清爽绵香。

排骨焖面

排骨焖面是河套地区老少皆宜的家常美食。取猪排若干斩段后入锅，用文火煸炒出油至黄，放入葱、蒜、姜、酱油等，而后放入豆角或其他蔬菜，最后放入切好的面条文火焖制即成。

胡油炸糕

油炸糕是乌拉特前旗群众婚庆喜宴的必备美食。制作油炸糕的第一步是取黍米（黄米）若干，淘洗浸泡后滤干，经石臼或机器加工成面粉，过箩待用。第二步是将糕面适当拌水，均匀撒入笼屉，蒸至深黄色出锅，然后搓揉成形。成

油炸糕

形后，依据食者喜好可包入豆泥、糖、蔬菜、肉类等馅。第三步是将胡油倒入锅内烧至八成热，放入捏好的素糕炸至金黄色方可。胡油炸糕，将胡油的浓香与黄米的清香相融合，软糯香脆。

荞面饸饹

取羊肉或猪五花肉若干熬成臊子，将和好的荞面放入饸饹床子挤压入锅，煮熟即可食用。

莜面窝窝

莜面的吃法很多，但莜面窝窝的制作较为独特。将莜面用开水

莜面窝窝

117

烫熟和好后，取案板或光滑的地板砖，双手掌推挤放在板上的面团，顷刻间，面团成为薄如蝉翼的面片，厨师捏起面片随手一卷放入笼屉成为莜面窝窝。莜面窝窝蘸猪、羊、牛肉汤及盐汤均可。

酸米饭

酸饭分粥、稀粥、干饭三种。将淘洗净的糜米、黄米、江米、大米放入盛有酸浆的容器，并将容器放在温热的地方让米充分发酵，而后将发酵过的米熬制成酸稀粥、酸粥或焖制成酸米饭。由于米经过发酵激活或转化了有机质的存在形式，从而使熬制出的饭食酸甜可口、滑爽绵软。红腌菜炒酸粥、胡麻盐拌酸粥已经成为人们的最爱。

硬四盘

"硬四盘"是人们喜爱的传统美食。取农家猪五花肉切方块加佐料煮熟，滤干后将猪皮加糖色放入油锅，待猪皮色泽红亮便出锅切片，加雪菜、葱、姜、蒜入笼蒸至出油方可上桌，此谓第一盘扒肉条。将鸡肉切块加入佐料、鸡蛋、淀粉等搅拌均匀后，腌制一段时间，而后油炸，炸至金黄色出锅，装盘入笼，出笼后盘里放入葱花、姜末、蒜泥，此谓第二盘酥鸡。将牛肉或猪肉剁泥，加入鸡蛋、淀粉、调料、佐料拌匀腌制，后用手挤成球状入油锅，炸至金黄色出锅，装盘入笼，出笼后在盘上放入葱花等，此谓第三盘肉丸子。将羊肉切块拌入佐料腌制后，装盘入笼清蒸，此谓第四盘清蒸羊肉。

猪肉勾鸡

选农家猪五花肉、溜达鸡、白彦花豆腐、后山旱地土豆等食材，将猪肉和鸡块过油后放入豆腐、土豆、葱、姜、蒜、花椒、大料等佐料文火炖熟。猪肉、鸡肉的油被土豆、豆腐吸入，猪肉的鲜香与鸡肉的细腻相互结合，使菜品鲜香无比、回味悠长。

羊肉勾鱼

鱼羊为鲜。河套人硬是在传统饮食文化的基础上把舌尖上的美食做到了极致。把乌拉山羊肉剁块加入佐料入锅，随后加入黄河或乌梁素海鱼文火焖炖。鱼羊同锅，鲜香四溢，羊肉勾鱼成为闻名城乡的美味佳肴。

灵山秀水　鬼斧神工

HUASHUONEIMENGGUwulateqianqi

灵山秀水 鬼斧神工

LINGSHANXIUSHUIGUIFUSHENGONG

美丽富饶的乌拉特前旗，物华天宝，人杰地灵，古韵厚重，物阜民丰。在大自然的眷顾下，这里山灵秀、水清冽、天碧蓝、地涌金……

塞外明珠乌梁素海

乌梁素海，宛如一颗月牙形的蓝宝石镶嵌在查石太山与乌拉山之间的乌拉特草原上。乌梁素海，蒙古语意为"红柳湖"，位于乌拉特前旗中部、河套平原东端。到2010年底，乌梁素海总面积293平方千米，总容量3亿立方米。乌梁素海不仅是全球范围内干旱草原及荒漠地区极为罕见的多功能湖泊，也是黄河流域最大的淡水湖、我国的第八大淡水湖，更是全球同纬度荒漠半荒漠干旱地区最大的湿地湖泊。乌梁素海以"地球之肺"的美称列入世界重要湿地名录。

乌梁素海四季分明，光照充足，冬季偏暖，气候湿润。湖区内动植物生存繁衍的食饵和养分十

乌梁素海全景

121

分充足。湖内盛产鲤鱼、青鱼、草鱼、鲫鱼等20多种鱼类，150平方千米的蒲苇蓊蓊郁郁地点缀在万顷碧波之中，蒲苇与绿水相依，芦荡与草原相伴，尽显湖区景随季走、季伴景行的自然风情。冬季，蒲苇收获，湖水结冰，乌梁素海犹如散落在草原上的一块凝脂，素洁晶莹；

夏季，绿树葱郁，苇随船动，乌梁素海宛若飘浮在绿水中的一弯蓝月，波光粼粼；秋季，苇黄花红，烟波浩渺，乌梁素海如同镶嵌在芦荡中的一方和田，色泽温润；春季，万物复苏，百鸟争鸣，乌梁素海堪比游弋在花海的一叶扁舟。

地处全球八大水鸟迁徙路线

天鹅湖——乌梁素海

之一的乌梁素海,是鸟的天堂。目前,湖区内有各种鸟类180多种,每年有1000多万只各种鸟类在此繁衍栖息。其中,国家一类保护鸟类5种,疣鼻天鹅等二类保护鸟类25种,《中日候鸟协定》保护鸟类48种。乌梁素海以其鸟类的多样性,成为亚洲的鸟类中心之一。

乌梁素海地区很早就有人类繁衍生息。1976年9月,在乌梁素海东岸发掘的唐朝王逆修墓志铭表明:乌梁素海在战国至秦时期属于九原中部地,汉属五原郡西安阳县,北魏置沃野镇于其北境,隋于乌拉山北置大同城。后在现乌梁素海中部,由唐将郭子仪修天德军城。该城在郭子仪南下平息"安史之乱"时被毁,后又在原地建新城。沧海桑田,光阴荏苒,天德军城在道光年间因黄河改道,河积水渐成尾闾,湖面扩大而被淹没在乌梁素海之中。一代名城淹入湖底,一处盛景浮出水面。

经过几十年的开发建设,乌梁素海的旅游资源得到了有效利用。现在,廊道、亭台遍布,旅游设施齐全,中外游客或乘艇入湖观光,或骑摩托艇冲浪,或乘游艇沿退水渠欣赏两岸美景,或站在湖边观日落日出,诗情画意、美不胜收。

绿树蓊郁的乌拉山
国家森林公园

乌拉山国家森林公园,位于乌拉特前旗白彦花镇北乌拉山段。海拔1000～3000米,公园总面积93042公顷。森林公园南临黄河、G6高速公路、包兰铁路、110国道与鄂尔多斯相望,北依乌拉特草原,西拥乌梁素海,东接鹿城包头,是1992年

桦背秋韵

雪域阴山

原林业部批准的全国49个国家森林公园中面积最大的一个。

乌拉山，秦汉时称阳山，北魏称跋那山，隋唐称牟纳山，宋辽称午腊蒻山，元明称为纳山，清朝早期称牟纳山，乌拉特蒙古部落迁入后，始称乌拉山。乌拉山国家森林公园的地质构造十分复杂，褶皱、断裂发育形成了断块山。森林公园岩石种类繁多、分布不规律，但主

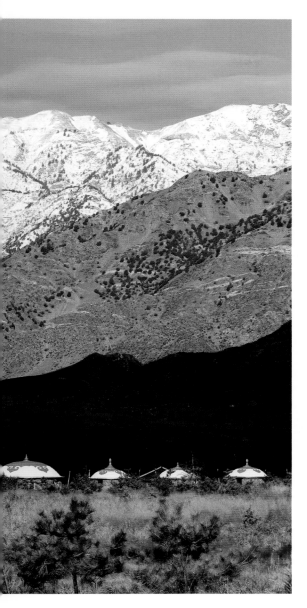

亭亭、流水淙淙。

风光旖旎的主峰大桦背，几处峭壁、几垒乱石，松柏在石缝中招手，白桦在累石中摇曳，虬根暴突，龙爪抓地，是森林公园的最高峰。登峰南眺，蜿蜒曲折的黄河犹如一条银色的飘带，在广袤的河套平原左缠右绕、前冲后突、欢歌向东；回首北望，水肥草美的乌拉特草原簇拥着雍容华贵的乌梁素海，披金戴银，群羊点点，绿水粼粼；寻崖西凝，物阜人丰的河套平原平畴千里、花红柳绿、地接苍穹；抚壁东观，鹿城风姿若隐若现、变幻无穷、如入幻境。

乌拉山国家森林公园处处有貌、山山有形、步步有景。南剑门的"雄"与玉壶峰、南天观音的"奇"相携；神门，一览台的"险"与铁兔沟的"秀"相伴；乌不浪古树、溪流瀑布的"幽"与桦背山顶的"旷"相随——整个森林公园融雄奇险峻为一体，纳曲径通幽为一身，堪称大自然鬼斧神工的杰作。

乌拉山国家森林公园植被茂盛，野生动物种类较多，气候独特。园内核心区域森林覆盖率达67%以上，有种子植物63科185属346种，主要有松、柏、桦等树种。有国家一级保护动物4种，二级保护动

体以中粗粒斑状花岗岩为主。园内地貌起伏，主峰大桦背高约2322米，最低海拔1062米，相对高差为1260米。森林公园群峰叠嶂、峭壁陡立、古木参天、松柏如涛、白桦

乌拉特前旗明安川

物20种。由于森林覆盖率较高，乌拉
山国家森林公园仲夏时节，山外艳
阳高照，山内细雨蒙蒙。山顶上飘
浮的白云，似乎也对森林公园格外
青睐，时不时地为仙山降下甘霖。

晶莹剔透的乌拉山天池

　　在额尔登布拉格草原南端、北
距乌拉山国家森林公园8千米的山巅
之上，有一个长约1千米、宽约300
米的"S"形小天池。小天池似并蒂
之莲，池水晶莹剔透、清澈见底，

这就是远近闻名的乌拉山天池。

　　乌拉山天池由乌拉山裂隙水汇
聚而成。池水水位随季节变化、降雨
量的增减而定。夏秋季水旺，池水溢
出池沿形成瀑布，飞流直下，聚而成
溪。冬春枯水时节，池水不减不增，
池盈而不溢。天池周边繁花锦簇、怪
石嶙峋、草木葱茏。

草长莺飞的额尔登布拉格草原

　　额尔登布拉格草原南枕乌拉
山，西邻乌梁素海，总面积824平方

千米。草原南高北低，地势平坦，境内地下水资源丰富，常有泉水涌出，故称额尔登布拉格（宝泉）。春、夏、秋三季，是草原最美的季节。碧蓝的苍穹下，一群群雪白的羊点缀在萋萋芳草之中，马群、驼群在草海绿浪中低头觅食，仿佛是长生天将一幅色彩艳丽的写意画抛在了莽莽苍苍的乌拉山脚下。

额尔登布拉格草原属乌拉特草原的一部分。1648年，清朝政府为了奖励帮助清朝南征北战、立有战功的原游牧于呼伦贝尔草原的成吉思汗胞弟哈布图·哈萨尔第十五代孙统领的部落，将北部阴山西段及南北的草原赐给了乌拉特东、西、中三旗。此后，额尔登布拉格草原成为乌拉特前旗的牧猎之地。

额尔登布拉格草原

水肥鱼跃的增隆昌水库

增隆昌水库位于乌苏图勒河中游峡谷处，控制流域975平方千米，库容9600万立方米。增隆昌水库群山环抱，景色宜人。因水体的一部分来自河流，大部分来自山洪，故水体养分丰富，使这里生产的鱼类肉质细腻、味道鲜美。

库因域而名。增隆昌水库的北岸是修建于汉武帝太初三年（前102年）的光禄塞古城遗址，昭君出塞后曾与呼韩邪单于共同在此居住八年。雄才大略的汉武帝也曾出石门障，沿古固阳道登临此城。古城的后面是蜿蜒曲折的秦汉长城。长城正北有70余幅阴山岩画。可以说，增隆昌水库景随步移、情随景生。

参禅悟道"活佛沟"

在小佘太镇西的大十份子村苏计沟、小井沟北侧有一条长达3.5千米的大沟，名叫活佛沟。大沟两侧岩石裸露、层峦叠嶂、峭壁林立、山势险峻。与两侧大山不同的是，沟内曲径通幽、泉水汩汩、松柏成荫、榆柳杂陈。山体均为粗粒花岗岩构成，花岗岩经千百万年风蚀雨剥，变得个体浑圆、圆石垒叠，形似一个个正在参禅悟道的活佛。沟内的"活佛"们，或站，或卧，或蹲，或坐，有的昂首望天，有的凝神远眺，有的闭目诵经，有的参禅悟道。满沟的巨石，幻化成满沟的"活佛"，仿佛将人们带入了一个清静的佛国。在这些形态各异、憨态可掬的"众佛"北侧的山梁上，秦汉长城掠山而过。长城在为人类抵御外侮的同时，也为"众佛"坚守着"佛国"的祥和。

草原绿宝石
——维信国际高尔夫度假村

在巴彦淖尔、包头、鄂尔多斯三市交会的三角地带，散落着一块草原绿宝石——维信国际高尔夫度假村。度假村背靠乌拉山，面对黄河，包兰铁路、G6高速公路、110国道从度假村周边通过。度假村是一个集运动、休闲、旅游、度假、餐饮、娱乐功能为一体的生态旅游观光区，是自治区中西部首家大型综合性国际高尔夫度假村，为国家AAAA级景区。

度假村的建设充分利用原有的自然景观和植物，借鉴苏格兰林克斯风格，留有大面积的原始沙地和茂密的荒草，高品质的本特草球道碧绿如洗，苏格兰式直壁沙坑尽显不凡。度假村拥有18洞国际标准高尔夫球场、高尔夫练习场、13000平方米豪华会馆、66栋高档别墅、500亩景观花园、室内外游泳池、温泉洗浴中心、健身房、赛马场、儿童游乐场、会议室、中西餐厅等设施，也可骑马，垂钓，打网球、桌球、沙弧球、保龄球等。由国内外顶级高尔夫设计大师联袂设计打造的18洞、72杆锦标赛级球场，占地1489亩，球道全长7128码。

度假村的自然草原观光区，尽显草原风采。蒙古族风情文化展览馆，汇聚蒙元文化风情。度假村内，看蓝天白云、翠坡绿草，使人畅快淋漓，仿佛进入一个天人合一的世界。

凝望

牧归

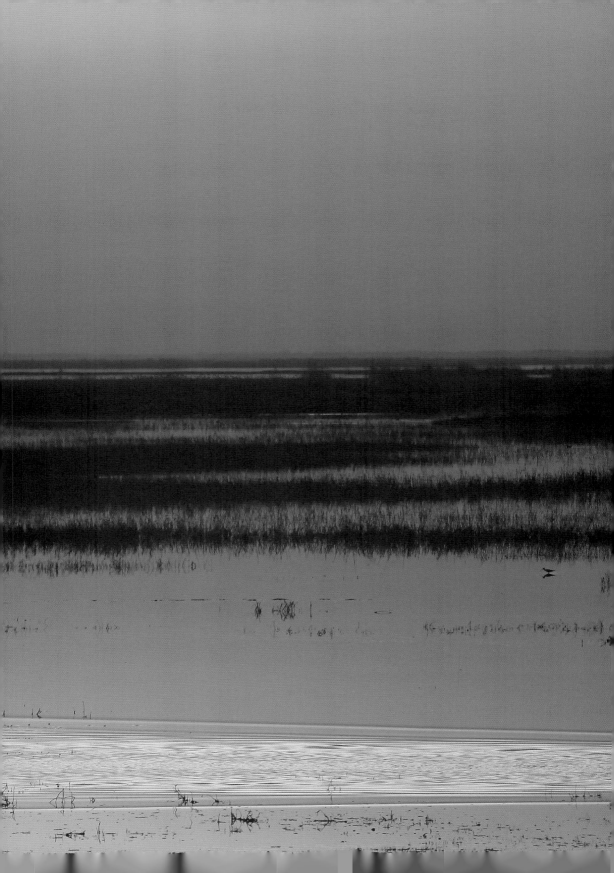

天人合一的乌拉特蒙古部落风景区

乌拉特蒙古部落风景区位于白彦花镇东庙沟附近,北枕乌拉山国家森林公园,南接G6高速公路,占地10000亩。乌拉特蒙古部落风景区,以草原风情为基调,内设娱乐园、养殖园、采摘园、赛马场、射击场、滑雪场等设施,是国家AAA级旅游风景区。

娱乐园充分利用大桦背矿泉水和温泉水资源打造水世界,开设了海浪池、太空碗、大型滑梯、儿童水寨等娱乐项目。养殖园养殖了野猪、孔雀、鹿等野生动物。采摘园种植了各类时令果蔬。乌拉特蒙古部落风景区有自治区西部占地面积最大、设施最完善、水质最好的水上娱乐场所。

河套农村百年史的浓缩景观——公田农庄

公田农庄位于西小召镇公田村。农庄的建设,以看得见山、望得见水、记得住乡愁为主旨,以河套地区农村、农业百年发展史为主线,尽显了河套地区的民俗文化、农耕文化和蒙元文化,是自治区第一个以河套地区农村生产生活为主题的民俗陈列馆。2012年,公田农庄被评为国家AAA级旅游景区;2014年,公田村被评为"中国最美休闲乡村";2015年,公田村又被评为"中国乡村旅游模范村"。

公田农庄由劳模展览馆、农耕文化博物馆、民俗院、生态园四大板块组成。劳模展览馆集中展示了中华人民共和国成立以来乌拉特前旗各条战线涌现出的206名市级以上劳动模范和先进个人的先进事迹。农耕文化博物馆通过1600多件展品,再现了民国到改革开放近百年来河套地区农村的生产生活场景以及农牧业的发展历史。民俗院展示了河套地区农牧区的民风、民俗、民情。生态园集休闲、采摘、养殖、餐饮、科技示范等项目为一体,游客通过亲身体验,从中领略河套风情。

怀古鉴今的哈萨尔文化园

哈布图·哈萨尔是成吉思汗胞弟,乌拉特蒙古部落是哈萨尔第十五代孙布尔海的嫡系后裔。为了纪念哈萨尔这位带领能工巧匠为蒙古铁骑铸造坚甲利器、车辆辐辕的英雄,沙德格苏木在毕克梯嘎查建设了哈萨尔文化园。

哈萨尔文化园占地10000平方米,其中建筑面积5000平方米。文化园由一大四小五座蒙古包及高15米的哈布图·哈萨尔雕像组成。其中,主包高15米,直径18米,面积达254.34平方米;四座小包均高11

米，面积113平方米。面积为999平方米的射箭场和演艺广场由两个大台阶组成，第一个大台阶为16级，第二个大台阶为49级。台阶的级数，象征着乌拉特蒙古部落于1649年从呼伦贝尔迁往阴山地区。文化园的四座小蒙古包分别为哈萨尔展区、乌拉特后裔成就展区、红色革命展区和乌拉特部落足迹展区。

蒙元文化展示地
——牟纳文化园

乌拉山在清初称为牟纳山，为了展示乌拉山蒙元文化的独特魅力，弘扬民族文化，白彦花镇在乌日图高勒嘎查建起了牟纳文化园。文化园占地4万平方米，建有民族文化展览馆、休闲娱乐等基础设施。其中，民族文化展览馆占地1500平方米，用实物和图片展示了乌拉特草原的民俗文化。

绿树掩映的林海公园

林海公园位于乌拉山镇西北，占地面积520亩。公园景观以欧式风格为主，园内有大型广场、历史景观大道、军事教育基地、威尼斯广场、渔码头等14个景区。公园内假山、亭台、楼阁、廊道、山地、瀑布、河流等相映成趣，既有江南园林景观的雅致，又有北方景观的粗犷，成为居民们休闲、健身、娱乐的首选之地。

拥抱自然的卧羊台生态公园

占地1800多亩的卧羊台生态公园，位于乌拉山镇东侧的卧羊台台地。西侧有退水渠带状公园，东侧与额尔登布拉格草原相连。公园分南园、北园、新区三块。南、北园由人行天桥相连，园内分入口景区、历史文脉展示区、游乐休闲景观区、林荫观光等若干区域。景区内，人工湖、假山、游步道、观景天桥、休憩凉亭等一应俱全，一步一景，移步换景，使游人仿佛重新投入了大自然的怀抱。

卧羊台历史厚重，台地曾发掘出汉代古墓葬，南区紧连历代兵家必争的乌拉山西山咀。赵长城遗址也在台地若隐若现，还有流传较广的杨家将抗辽的故事。

渠景一体的退水渠带状公园

在卧羊台生态公园的西侧，建有长4.3千米的乌梁素海退水渠带状公园。公园依渠而建，渠内流水潺潺，两岸绿树掩映。景区分科技休闲、城市休闲、运动健身、文化艺术四个板块。带状公园与卧羊台生态公园融为一体，在台地与流水中彰显乌拉特草原的秀美。

田园簇拥的沁天盛生态园

沁天盛生态园位于白彦花镇，占地总面积3万平方米。园区集种植、养殖、旅游、度假休闲和生态农业观光功能为一体，划分为采摘、养殖、休闲娱乐、餐饮服务四大区域。2015年，沁天盛生态园被自治区评为五星级乡村旅游接待户。

园区田园遍布、环境宜人，原生态的食材自采自摘。1500平方米原生态庄园式阳光餐厅均为透明操作，确保蔬菜新鲜、食品安全。

晶莹剔透的佘太翠

佘太翠是一种硬度、密度类似翡翠的玉石，露天开采于大佘太镇的查石太山。2008年，玉石被中国地质、石材珠宝界命名为"佘太翠"。

经权威机构检测，佘太翠形成于18亿～24亿年前，颜色主要有翠绿、白、青等几种。佘太翠原矿单块体积大、色泽亮丽、质地细密，其样品已被中国地质博物馆作为国宝收藏。

旗内佘太翠产品主要有玉石原料、饰品、工艺品、大型雕塑、异型产品、建材产品等。旗内佘太翠加工已经形成产业，小山玉石生产的玉石建材产品走俏市场，遍布城乡的玉石加工作坊的产品也深受玉痴们的喜爱。

巧夺天工的乌拉山柏木根雕

乌拉山柏树生长在悬崖峭壁之上，也称崖柏。由于生长慢，崖柏十分珍贵，人称"活化石"。

乌拉山崖柏材质坚硬、纹理独特，是制作根雕作品的上品原材。乌拉山古称趺那山、牟纳山。公元前7世纪，乌拉山上草木茂盛、满山翠绿；明、清两代，仍是"天然森林极为畅茂，十之二三皆成大材"。清末放垦之后，人为破坏十分严重。特别是1889年的大火，由乌拉山东焚烧到乌拉山西，林火焚烧长达半年之久；1917年的大火再次延烧三个月。人为破坏和两次大火，使乌拉山的崖柏和其他植物遭受灭顶之灾。崖柏的上部全部化为灰烬，仅留粗大的根系于石缝之间，根系经洪水冲刷被冲入河床。刚开始，人们以此为柴，或烧或做栅圈羊。其后，人们用崖柏雕刻成勺、碗等生活用品。清末，随着中原汉人的迁入，木匠和手艺人经过构思创作、精雕细琢，使崖柏根系化腐朽为神奇，成为巧夺天工的艺术品。

天来之水　大河流韵

HUASHUONEIMENGGUwulateqianqi

天来之水　大河流韵
TIANLAIZHISHUIDAHELIUYUN

神奇又古老的黄河在河套平原甩出一个"几"字形的大弯，就在母亲河这华丽"转身"的瞬间，农耕文明的曙光出现在东方天际。

"君不见黄河之水天上来，奔流到海不复回。"神奇而又古老的黄河，冲破巴颜喀拉雪山冰峰的羁绊，一路咆哮，左冲右突，绕过黄土高原后，在河套平原甩出了一个"几"字形的大弯，在母亲河的眷顾下，农耕文明的曙光出现在了东方天际。

赵开洪荒　移民屯垦

远古时代，乌拉特前旗属于荒漠草原。战国末年，赵国在旗境设九原县，开始在黄河两岸移民屯垦。从此，农业文明的曙光初照大漠。随后，旗境又被匈奴占领，农耕让位于游牧。在其后的250多年中，乌拉山南北几度桑田、几度牧场、几番征战、几多白骨。

秦统一华夏以后，于前215年将赵九原县改为九原郡，阳山（今阴山）南北的北假之地土地肥沃，宜垦殖。于是，秦于前211年"迁北河榆中三万家"，大规模的移民屯垦，使旗域成为屯垦之地。

两汉移民　垦殖繁盛

汉代以后，先后三次大规模移民开发土地。第一次是前127年，"募民徙朔方十万口"。第二次是前121年，"徙关东贫民处所夺匈奴河南地，新秦中以实之"。第三次是前120年，迁山东灾民70万，朝廷给移民以经费和物资资助。一时间，北假之地垦殖大盛。东汉200多年，由于战乱，农垦中断。386年，北魏统一北方，高祖道武帝采取"务农息民"的措施，使北魏国力日盛。398年，魏王拓跋珪迁山东各州吏民和"杂

黄河谣

夷"，百业之匠十余万在五原等地屯田。其后，又采取"计口授田"的方法奖励耕战。孝文帝后，又实行"均田制"，进一步促进了农业生产的发展。

隋唐营田 水利大兴

隋朝以后，一改历代单纯移民的办法，采取屯田、立堡等措施就地产粮，以粮养军，营田积谷，以致"收获岁广，边戍无馈运之忧"。唐朝除继续沿用"均田制"外，还实行了"租庸调制度"，改进农具，减轻徭役，降低税赋。812年，唐将高霞寓"以兵五百屯拂云堆（中受降城），浚金河灌卤地数千顷"。水利

的发展，使河套地区成为重要的粮食生产基地。唐末，土地兼并日盛，破产农民背井离乡，再加上西北边境连年征战，农业生产逐渐衰退。

明清开禁 农人"雁行"

明初，太祖朱元璋将扩廓帖木尔的势力逐出河套，在今乌拉特前旗实施军垦。其后，蒙古部落复占河套，并在乌拉山前后驻牧。

1644年清军入关后，1648年世祖皇帝将乌拉山前后地赐予乌拉特蒙古部落驻牧。由于蒙民生活需要粮食，而内地外运路途险阻不便，故蒙旗上层同意汉民租种沿黄河的驻牧之地，但租地汉民不能在蒙地

定居，只能像大雁那样春出秋归，成为"雁行人"。直到1876年清廷废除禁止妇女出关令，内地农民才携家带口定居此地开垦农耕。

大兴垦务　几度衰兴

1931年"九一八"事变后，太原绥靖公署主任阎锡山组织三个师"屯垦西北"，屯垦队将后套地区划为四个垦区，安北县境有二、四两个垦区。屯垦队进驻后套后，开荒种地，修路挖渠，造林办学，直到抗战爆发部队归建。

1935年，为安置东北流亡难民，在安北县扒子补隆和硕公中成立绥远省和硕公中垦区办事处，并向地产商王同春购地7万亩，交与流亡入关的东北难民耕种。

同春引水　灌域疏浚

后套地区灌溉农业的发展，与两个人密不可分。一个是清末民初的王同春，另一个是20世纪70年代的巴彦淖尔盟委书记李贵。

王同春字浚川，乳名瞎进财，邢台县东石门村人。幼年随亲戚赴后套地区谋生。13岁后受雇为人挖渠，20岁担任渠头。清末民初，旗域塔布、长济、通济、华惠等灌域或开挖或疏通。在没有测量仪器、挖掘机械的情况下，遇有技术难题均请王同春协助解决。王同春以其

夕照

冰与火

高超的治水技术成为河套地区水利开发的引领者和组织者。

兴修排干 精神永存

有灌无排，造成了黄灌区土地的盐碱化。据史料记载，黄灌区土地盐碱化早在灌区开发前已经发生。《史记·平津侯主父列传》记载，"河南地固泽卤，不生五谷"。为了彻底改变黄灌区土地盐碱化的面貌，巴彦淖尔盟（今巴彦淖尔市）兴全盟之力开挖总排干。第一期工程从1965年开始，1967年通水。第二期扩建工程1975年11月开工。河套的寒冬，寒风刺骨，滴水成冰，时任巴彦淖尔盟委书记的李贵带领身上薄衣、腹中缺食的河套儿女锹挖肩担，凭着坚忍不拔的意志开通了西起杭锦后旗太阳庙、东到乌拉特前旗三湖河口、全长260.38千米的总排干，解决了黄灌

旗乌拉山，师长孟昭贤，政委田益国，参谋长赵根喜。兵团二师下辖十一至十九九个团：十一团入驻原乌海劳改农场；十二团入驻新安镇原乌海劳改农场；十三团改建为工业园，接收了包头新生阀门厂、砂石厂、农药厂等厂矿企业；十四团入驻乌拉特前旗苏独仑原苏独仑国营农场；十五、十六团入驻五原县建丰农场及乌拉特中旗和乌拉特后旗东方红种羊场；十七团入驻乌拉特前旗坝头原乌梁素海水产场、乌拉特农场；十八、十九团入驻大佘太原苏独仑农场牧业队。兵团兴垦务的过程中，在"农业学大寨"和"以粮为纲"的口号下，改造沙漠，开荒造田，大搞农田水利基本建设，但因极"左"思潮的影响，生产经营违背了客观规律，使已经治理好的土地再度盐碱化。

兵团入驻乌拉特前旗，给相对封闭的乌拉特前旗带来了新文化、新观念，兵团战士用辛勤的劳动建设了西山咀造纸厂、乌拉山电厂、乌拉山化肥厂等厂矿企业，为乌拉特前旗工业化奠定了基础。1975年4月24日，国务院、中央军委决定撤销内蒙古生产建设兵团，兵团入驻乌拉特前旗的六个农牧场恢复原有建制，由巴彦淖尔盟农管局管辖，现已由乌拉特前旗管辖。

区土地的盐碱化问题，用"总干精神"，换取了大后套的林茂粮丰。

兵团入驻　垦务再兴

1969年5月7日，中国人民解放军北京军区内蒙古生产建设兵团正式成立，这是一支以知识青年为主，包括现役军人、复员军人、地方干部、农牧场职工的不戴军徽（领章、帽徽）的准部队。

兵团二师师部设在乌拉特前

湿地风光

渠路田林 沃土流金

经过长时期的开发建设，乌拉特前旗农牧业生产条件发生了巨大改变，千里沃野田成方、路成网、树成行，渠系配套、阡陌纵横，现代农牧业正焕发着勃勃生机。

水浇地面积逐年扩大。黄灌区通过土地整理、盐碱治理等工程，灌域面积已扩大到130万亩。山旱区通过打井开发、库坝蓄水、引洪灌溉，水浇地面积达到94万亩。节水农业发展迅速。黄灌区支渠全部实施砌衬，井灌区滴灌面积达到100多万亩，明渠全部改为地下管道。

主导产业发展势头强劲。全旗累计建成设施农业2.72万亩，其中，温室0.66万亩，大棚2.06万亩，设施农业已经成为农业发展的主导产业。养殖业规模化布局已经形成。全旗现有规模化养殖场2322个，牲畜饲养量达378.63万只（头），肉羊饲养量达360.12万只（头）。畜牧业基础设施日趋完善。建成标准化棚圈90.5万平方米，建成牧草制种、种植基地1.3万亩。农牧业产业化水平不断提高，产业带已经形成。全旗建成农牧业企业210家，年销售收入500万元以上的农牧业企业36家。形成了以井灌区为主的100万亩粮食产业带、黄灌区70万亩葵花产业带、6万亩枸杞产业带、6万亩西甜瓜产业带、20万亩旱作小杂粮产业带。2014年，乌拉特前旗被国家评为"粮食生产先进单位"。

旗运重开　潮头追梦

HUASHUONEIMENGGUwulateqianqi

旗运重开　潮头追梦

QIYUNCHONGKAICHAOTOUZHUIMENG

站在新的历史起点上，乌拉特前旗正以新的姿态顺应新常态，谋求新发展，实现新跨越。

而今，乌拉特前旗的工业经济在转型中提质增效，农牧业经济在产业转换中脱胎换骨，社会事业在均衡发展中惠民利民……34万勤劳勇敢的乌拉特儿女，正以饱满的热情，敞开胸怀、迎接重开的旗运。

工业巨舰正在起航

乌拉特前旗矿产资源富集，依托资源优势，发展工业企业，一直是旗委、旗政府工作的重中之重。现在，除建成前山、后山两个工业园区外，还以重点项目为依托，加快产业优化升级步伐，基本完成了产业转型升级，初步形成了以矿山冶炼、化工、铁合金、能源、建材、农副产品加工六大产业为主的工业体系。全旗现有规模以上工业企业46家。

110国道白彦花段

主导产业强势发展。矿山冶炼业已经形成了年产800万吨铁精粉、240万吨氧化球团、60万吨异型钢、20万吨铸铁、50万吨盘螺钢、1200吨钼精粉、7000吨金精粉、6万吨硫精矿的能力；化工业已经形成了年产210万吨焦炭、28万吨合成氨、30万吨硝铵、30万吨尿素、25万吨甲醇、10万吨煤焦油、30万吨兰炭、30万吨冶金石灰、5亿立方米煤制气、18万吨电石、20万吨硫酸的能力；能源产业已经形成了74万千瓦的发电容量，其中，火力发电60万千瓦、光伏发电9万千瓦、风电5万千瓦；具备日处理96万立方米天然气及年产液化天然气19.8万吨的能力；建材业已经形成了年产225万吨新型干法熟料、160万吨水泥、40万平方米石英板材、10万平方米佘太翠玉板材的能力；铁合金业已经形成了年产30.3万吨的能力；农副产品加工业已经形成了年产10.5万吨葵（籽）仁、4.25万吨番茄酱、1.9万吨羊肉、2500吨枸杞干果、300吨枸杞粉的能力。

工业经济平稳运行。"十二五"期间，全旗工业经济保持了平稳运行态势。2015年，全旗规模工业企业数量为46家，较2010年增加12家；全旗用电量完成37.4亿千瓦时，较2010年增长14.4%，其中工业用电量完成33.1亿千瓦时，较2010年增长9.6%。全年平均用电负荷保持在60万千瓦左右。

固定资产投资稳步增加。2015年，全旗完成工业重点项目固定资产投资79.3亿元，较2010年增加36.6亿元，增长幅度85%。"十二五"期间，全旗共实施工业和输变电重点项目143项，总投资405.9亿元。

"十二五"期间，全旗引进和建成了一批立旗立市的重大项目，其中，包钢庆华煤化工210万吨焦化、蒙航铸业50万吨废旧钢铁资源再生综合利用、同兴矿业9万吨金矿采选、乌拉特前旗工业园区3个液化天然气、三峡2万千瓦光伏发电、国电5万千瓦光伏发电、华拓矿业300万吨铁精粉等项目已建成投运；启动了鑫型能源日处理100万立方米天然气液化、振森24万立方米高密度板材、西沙德格钼业300万吨钼矿采选、北方龙源5万千瓦风电、天昱园二期液化天然气、裕业沙柳2万立方米沙柳木新材料及10万平方米节能木质房屋生产等项目。启动实施了乌拉特前旗光伏发电产业园区和乌拉特前旗中小企业创业园区的建设，为高标准、高起点承接光伏发电和农副产品加工、农牧业机械制造等产业奠定了基础。

农牧业挥笔写华章

近年来，乌拉特前旗积极转变农牧业的发展方式，以设施化种养、机械化生产、产业链经营推动规模发展；以三品认证、"互联网+"促进品牌增收；以科技培训、政策扶持实现技术提效，现代农牧业正焕发勃勃生机。

农牧业综合生产能力稳步提升。2015年农作物总播面积、牲畜饲养量、羊饲养量分别达到236.5万亩、378.63万只、360.12万只，同"十一五"末相比，分别增加13.98%、18.78%、19.8%。其中：粮食作物种植面积发展到127.9万亩，比"十一五"末增加27.9万亩；经济作物102.4万亩，比"十一五"末增加10.4万亩。形成了年产粮食8.5亿千克、葵花1.7亿千克、羊肉3.6万吨、猪肉0.66万吨、牛奶2.15万吨、牛肉840吨、水产品0.12万吨、羊毛0.45万吨、羊绒460吨的农牧业综合生产能力。其中，粮食作物种植面积和总产量位列全市第一。

农牧业产值、农牧民收入持续增加。农牧业总产值达到52亿元，较"十一五"末的36亿元，增加了16亿元，增幅达44.4%。2015年，农牧民纯收入达到13729元，较"十一五"末增加了5805元，增幅为73.26%。

设施农业已经成为全旗农牧民发家致富的新途径。养殖业方面，规模化布局初步形成，全旗现有标准化、规模化水平较高的养殖场、园区88个，普通规模养殖场(户)2234个，肉羊规模化养殖出栏量占全旗出栏量的30%，规模化发展初见成效。基础设施逐步完善，累计建成标准化棚圈4013座，建成首蓿制种基地13000亩，全旗牧草面积达到了10万亩。品种改良成效显著，通过建核心场、培育纯繁户等措施，全旗建成巴美种羊核心场3处、培育纯繁户43户，年可提供巴美种羊3000多只，年改良配种76万多只。

农牧业产业化水平不断提升。大力发展农牧业龙头企业，通过招商引资、政策鼓励，先后涌现出泰盛、萌业、新天地、草原鸿泰、青松草业、荣生大地、蒙羊牧业、益生圆、丰达源、民耀腾等带动力较强的农牧业企业。到2016年上半年，全旗农牧业企业中，自治区级3家，市级25家。全旗农牧业企业总资产达到20亿元以上，从业人员达到1300余人，年销售收入实现15亿多元，利税8000多万元，带动农牧户5万多户。此外，全旗的农牧业合作社达到1006家、种养大户5680户。农业合作社注册总资本达到23.75亿元、从业总人数达到

晾晒枸杞

6027人。依托龙头企业和农牧业专业合作组织，按照"公司＋基地＋农户""合作社＋农户"的发展模式，形成了明安、小佘太2万亩马铃薯产业带；打造出以乌拉山镇、新安镇、额尔登布拉格苏木、大佘太镇、明安镇为主的巴美肉羊养殖基地，以山旱区、牧区为主的绒山羊养殖基地，以城郊为主的奶牛、生猪、禽类养殖基地，以乌梁素海及沿黄地区为主的鱼类和河蟹养殖基地。

农牧区改革不断深化。通过转包、出租、转让、互换、股份合作等形式，引导农牧民流转土地累计62.3万亩。其中，200亩以上连片规模化经营累计达7.33万亩。流转面积占总播面积的26.39%。开展农村牧区土地、草原确权和基本草原划定工作。划定基本草原387万亩，2017年全面完成土地确权工作。

农牧业机械化水平不断提高。大力推广玉米联合收割机、大型葵花收割机、马铃薯起挖机、深耕深翻动力机械、激光平地仪等现代农机装备。努力实现小麦、玉米、向日葵等主要农作物生产全程机械化。"十二五"期间，累计购置各类现代农牧业机械9000多台，农牧业机械化率由"十一五"末的70%提高到现在的80%，提高了10个百分点。

品牌建设成效显著，农畜产品质量不断提高。不断完善农畜产品质量安全监管体系，不断强化对农资生产、经营企业、奶站、养殖场、"三品"生产企业、温室大棚蔬菜基地的农畜产品质量安全监督。以特色农畜产品为重点，努力提升本地农畜产品的市场美誉度。已形成品牌并有一定生产规模的有乌拉山肉羊、先锋枸杞、乌梁素海乌鳢、大佘太面粉、后山小杂粮、大有公香瓜、黑柳子西瓜等。全旗累计获得"三品一标"产品30个，其中绿色食品标志认证11个、无公害农产品标志认证18个，地理标识产品认证1个（黑柳子白梨脆甜瓜）。2015年，乌拉特前旗被自治区列为全区农畜产品质量安全监管示范旗。与此同时，还涌现出一批具有一定知名度的企业和农畜加工产品。如：内蒙古乌拉特前旗青松草业贸易有限责任公司培育的乌拉特一号苏丹籽三次获得国家金奖及名牌产品奖，草原三号紫花苜蓿通过了国家审定和登记；呼和五一食品厂的"五一"醋、酱油；荣生大地饲料有限责任公司的"荣生大地"饲料；农鼎香酱菜专业合作社的"农鼎香"酱菜；东日农牧专业合作社的"腾日"酱菜；先锋"华融扶祥""吕布红""康果""富煌"枸杞；内蒙古佘太酒业有限责任公司的"佘太液"酒、西公王酒业的"西公王"酒；三旺食品厂的"百栗宝"真空包装保鲜玉米；丰亿祥粮油工贸有限责任公司的"丰亿祥"及丰达源农贸有限责任公司的"丰达源"有机小杂粮产品等。同时大力推广"互联网+"农牧业的电商发展模式，鼓励引导农村电子商务加快发展，努力形成线上线下融合、农畜产品进城与放心农资下乡的双向流通格局。目前有45家农牧业企业及协会入驻了乌拉特前旗电子商务产业园区，销售渠道更加畅通。

生态建设成效显著。"十二五"期间，是乌拉特前旗历史上草原生态建设投入资金最多、力度最大的时期，五年中，累计投入资金2亿多元，通过禁牧、草畜平衡、种草围封、转移安置、棚圈建设等措施，取得了良好的生态和社会效益。一是牧区生产方式转变，牧民收入增加。逐步由依靠天然草场自然放牧转变为舍饲精养的科学管理模式，从根本上改变了饲养方式，促进了牧民转产就业，拓宽了牧民致富渠道。二是实现了草原生态环境由严重恶化向整体遏制、局部好转的历史性转变。植被盖度、高度及产草量逐年提高，草群结构、生物多样性日趋优化，有毒有害草类的生长势头得到有效遏制。调节气候、防风固沙、保持水土、涵养水源能力增强，土壤含水量提高，水土流失得到控制。

科教兴农战略深入推进。通过不断创新服务方式，努力提高科技转化率。一是实现了种植业实用技术全覆盖。围绕粮食、肉羊、设施农业等主导产业，组建了农牧业科技下乡服务队伍，每名科技人员每年负责培养10户农牧民科技示范户，每个科技示范户辐射带动10户农牧民。全面推广了玉米宽覆膜高密度栽培技术、地膜玉米后茬免耕栽培技术、膜下滴灌水肥一体化技术、小麦高效栽培及麦后复种技术、瓜菜开沟起垄栽培技术、新标准可回收地膜技术、向日葵"6推1防"综合配套栽培技术、玉米红蜘蛛"三防两治"绿色防控技术。每年实用技术的应用面积在350万亩次以上，提升了种植效益。二是全方位开展农牧民教育培训工作。通过办班培训、组织观摩、示范带动、发放科技手册、电视广播讲座等形式，每年培训农牧民10万人次左右，"十二五"期间累计培训农牧民50万人次；实施了"阳光工程"、新型职业农牧民培育工程等培训教育项目，先后有810人通过了职业技能培训，1000人通过了农业专项技术培训。经过培训的农牧民已经成为全旗农牧业生产的生力军。

抓生态建设 建宜居家园

乌拉特前旗按照内蒙古自治区建设"我国北方重要生态安全屏障"的要求和部署，统筹城乡绿化，大力实施通道林带、农田林网、山丘林被、环城林景、环村林带五大林业工程，全面提高城乡绿化水平。全旗森林覆盖率达到16.02%；城镇建成区绿化覆盖率

39.7%，绿地率达35.2%，人均公园绿地面积25.6平方米；苏木（镇）建成区绿化覆盖率达32%，集中居住型和分散居住型村庄绿化覆盖率分别达到28%和21.3%，进村道路两侧、周边水系沿岸实际绿化面积占应绿化面积的96%；农田林网控制率达到了93%。乌拉特前旗先后荣获"中国疣鼻天鹅之乡""中国枸杞之乡""全国造林绿化先进旗县""国土绿化先进集体""自治区级园林城市""全国绿化模范单位"等荣誉称号。

（一）统筹兼顾，打造精品，不断提升造林绿化工作成效

一是坚持扩面与提质相结合，在有效扩大造林绿化覆盖面的同时，通过实施工程，不断提升造林

维信国际高尔夫度假村

绿化的标准和质量,切实改善生态环境。一是实施通道林带工程。集中人力物力对各级道路、防洪堤进行绿化,形成了"五横三纵"(五横:包兰铁路、堤防公路、高速公路、110国道、6701公路,三纵:哈石线、西佘线、新苏线)的生态建设框架。累计完成各级通道和防洪堤绿化735千米、2万亩,重点打造了京藏高速公路、乌梁素海旅游公路、黄河堤防公路等一批全市通道绿化精品工程。其中,京藏高速公路、乌梁素海旅游公路的绿化被国家三北局评为"三北防护林体系建

设优质工程"。同时，采取以奖代补的方式，实施了苏木（镇）新建乡村公路的绿化工程。

二是实施农田林网工程。结合中低产田改造、土地整理等项目，努力在农田林网建设上取得突破性进展，切实改善小气候，促进农业增产增收，新建、完善了农田林网30万亩。

三是实施山丘林被工程。为了让荒山荒地尽快披上"绿装"，实现"青山绿水，恢复秀美山川"的目标，依托退耕还林、天保、三北等工程项目，通过人工播种、飞

乌拉特部落

播、封育等措施，高标准、高质量完成了荒山、荒地、沙地造林绿化51.6万亩。

四是实施城镇周边绿化工程。

建成林海公园、中央景观公园、卧羊台公园三个大型城镇公园，总面积2419亩；城区小游园及广场19处，面积2193亩。加快实施了卧羊

台3万亩城市森林公园、城西3万亩综合生态示范园两块城镇"绿肺"建设和城防林带等城市氧吧、生态屏障工程，重点对城镇周边的荒山、臭水沟、道路两侧及城镇出入口进行了集中改造，不断提升城镇近郊绿化水平，城镇品位和形象显著改善。

祭山

林海公园一景

五是实施环村林带工程。积极组织开展了"创绿色家园，建富裕新村"活动，累计完成集镇绿化11个，村庄绿化90个，广大农村牧区的造林绿化实现了重大突破，有力地提升了全旗农牧区人居环境。

六是实施厂矿园区绿化工程。不断加大对全旗工业园区和厂矿企业的造林绿化工作力度，落实责任，狠抓监督，将生态建设、企业发展有机融合，厂矿园区环境得到切实有效改善。

（二）积极探索，突出产业，不断开创造林绿化工作新局面

乌拉特前旗坚持"生态建设产业化、产业发展生态化"的林业发展思路，把发展特色经济林作为生态林业和民生林业建设的重要抓手，加大政策支持和科技支撑力度，全旗经济林面积达到了8万亩。一是持续发展枸杞经济林。枸杞经济林是乌拉特前旗的优势特色产业，已有50多年的种植历史，近年来又先后引进了宁杞五号、宁杞七号、黑枸杞等效益好、收益大的新品种。目前，全旗枸杞种植面积达到了5万多亩。特别是集体林权制度改革后，林业专业合作社不断兴起、快速发展，全旗以枸杞为主的林业专业合作社达到了三家，注册了"扶祥牌""豪康牌""富煌牌"等品牌。其中"扶祥牌"枸杞2014年成为中国绿色食品发展中心评出的"绿色食品A级"产品，先锋

镇西坝头村5000亩枸杞种植基地荣获中国中药协会种植养殖专业委员会和中华中药商业同业公会全国联合会"优质药材（枸杞子）指定出口基地"称号。二是因地制宜，丰富经济林内容。重点在乌拉山山前冲积平原发展红枣等小杂果经济林基地，引进灵武长枣、宁夏圆枣、榆林骏枣等优良品种，目前，全旗已发展红枣等小杂果经济林1万亩；依托卧羊台森林公园资源优势发展集休闲、采摘、观光、生态旅游为一体的现代林果业示范园。

（三）坚持造管并重，提高造林质量，保障林业生态建设健康发展

成活率和保存率是林业生态建设的红线。在多年的造林绿化实践中，我们总结出了一套行之有效的造林管护机制，这就是"把住四个关口""抓好三个环节"。

四个关口：一是规划关。套区设计耐盐碱的杨树、胡杨、旱柳、红柳、紫穗槐、枸杞等树种，特别是从山东引进的盐松柽柳等抗盐碱树种，有效解决了盐碱地造林难度大、成本高的问题；山旱区设计耐旱、观赏性强的油松、樟子松、侧柏、榆树等树种，并且按一定比例进行混交，以达到绿化和美化的效果。二是整地关。坚持不整地不造林的原则，凡计划绿化的地块和路段都提前进行整地。三是种苗栽植关。种苗全部使用良种壮苗，严格按作业设计要求施工。四是浇水关。坚持不栽无水苗，当天栽植苗木当天浇，保证浇足坐苗水。山旱区造林采用小管出流节水灌溉技术。

三个环节：一是抓林木抚育和保护。对新幼林全部采取了除草、施肥等必要的抚育管理措施；生防与化防相结合，以生防为主，森林病虫害成灾率始终控制在8‰以下；严厉打击毁林开垦、乱占林地、乱砍滥伐等违法行为，像保护基本农田一样保护林木。二是抓禁牧和退牧转移。2008年以后，全旗全面实施了禁牧和退牧转移，仅禁牧和退牧转移补贴，旗财政每年就支出4000多万元。三是抓林木管理和森林草原防火。严格落实树木移植管理有关规定，制定了科学的林木移植管理措施，严禁非法采挖林木；进一步完善了全旗森林草原防火预案，明确了职责，规范了野外用火行为，落实了防灭火队伍和物资，几年来没有发生大的火灾。

社会事业蓬勃发展

文化软实力明显增强。以萌业物流园区为中心，建成了占地面积为2.5万平方米的萌业文化产业示范园区，入驻文化产业商户60多家，

晚归

从业人员300多人。

举办了根石文化博览会，吸引了山东、福建以及周边地区170多家参展商参展，交易额达百万元。

建成了建筑面积达3.5万平方米的乌拉特文化城文化精品销售市场，现有商业门脸200间，入驻文化产业商30多家，从业人员100多名。

"哈萨尔·宝古德祭祀""杭哈民歌"成功入选自治区级非物质文化遗产保护名录。乌拉特前旗被列为新闻出版广播影视公共服务国家级综合标准化试点和自治区示范旗。安装广播"村村响"设备152套，新建7个地面数字信号发射站，农牧民电视"户户通"实现全覆盖。设立了文化产业发展专项基金，培育发展传习所、书画基地、文化大院等非营利组织23个。

教育教学质量稳步提升。全旗共拥有中小学校34所，其中小学21所，在校生1.7万人，专职教师1494人；普通中学13所，在校学生1.5万人，专职教师1092人。小学适龄人口入学率达到100%，小学毕业生升学率达到100%；初中入学率达到99.9%，初中毕业生升学率达到93.1%；高中升学率达到95.8%。

医疗卫生均等化服务能力实现跨越。全旗共有卫生机构86个，其中医院、卫生院25个，卫生防疫机构1个，妇幼保健院1个，卫生监督所1个，社区卫生服务中心6个，诊所52个。新建了中蒙医院以及30个嘎查（村）标准化卫生室，牧区全面推行了"健康保障小药箱进牧户工程"，使全旗公共卫生服务均等化水平有了明显提升。

铁钩银划　墨迹留痕

HUASHUONEIMENGGUwulateqianqi

铁钩银划　墨迹留痕

TIEGOUYINHUAMOJILIUHEN

苍莽的群山、肥沃的土地、广袤的草原、奔涌的黄河、蜿蜒的长城、神奇的岩画……"江山如此多娇，引无数英雄竞折腰。"

历代文章辑录

"江山如此多娇，引无数英雄竞折腰。"于是，吕不韦、司马迁、成吉思汗、冯玉祥、范长江等政治家和文人墨客来了，他们为乌拉特礼赞，他们为乌拉特放歌……

阳山之穈，饭之美者

先秦·吕不韦

饭之美者，玄山之禾，不周之粟，阳山之穈。

秦始皇开发河套记

汉·司马迁

三十二年，使将军蒙恬发兵三十万人，北击胡，略取河南地。三十三年，西北斥逐匈奴。自榆中并河以东，属之阴山，以为三十四县，城河上为塞。又使蒙恬渡河取高阙、陶山、北假中，筑亭障以逐戎人。徙谪，实之初县。三十六年，迁北河榆中三万家。拜爵一级。

汉武帝开发河套记

汉·班固

元朔二年，匈奴入上谷、渔阳，杀略吏民千余人。遣将军卫青、李息出云中，至高阙，遂西至符离，获首虏千级。收河南地，置朔方、五原郡。募民徙朔方十万口。元狩四年冬，有司言关东贫民徙陇西、北地、西河、上郡、会稽凡七十二万五千口，县官衣食振业，用度不足，请收银锡造白金及皮币以足用，初算缗钱。元封元年，行自泰山，复东巡海上，至碣石。自辽西历北边九原，归于甘泉。太初三年，遣光禄勋徐自为筑五原塞外列城，西北至卢朐，游击将军韩说将兵屯之。天汉元年，发谪戍屯五原。

这地方真美啊
元·成吉思汗

这地方真美啊！国破家亡之日，可在这里谋求复兴；和平兴旺之世，可在这里定居发展。饥饿的梅花鹿，可在这里生息繁衍；耄耋老人，可在这里颐养天年。

乌拉特传
节选自《清史稿》

乌喇特部，在归化城西，至京师千五百二十里。东西距二百十五里，南北距三百里。东茂明安及归化城土默特，西及南鄂尔多斯，北喀尔喀右翼。

元太祖弟哈布图哈萨尔十五世孙布尔海，游牧呼伦贝尔，号所部曰乌喇特。子五：长赖噶，次布扬武，次阿尔萨瑚，次布噜图，次巴尔赛。后分乌喇特为三，赖噶孙鄂木布，巴尔赛次子哈尼斯青台吉之孙色棱，及第五子哈尼泰冰图台吉之子图巴，分领其众，统号阿噜蒙古。

天聪七年，率属来归，贡驼马。八年，从大军征明，由喀喇鄂博入得胜堡，略大同。克堡三、台一。师旋，以奈曼、翁牛特部违令罪各罚驼马，诏分给所部。嗣征朝鲜、喀尔喀及明锦州，松山，蓟州，皆以兵从。顺治五年，叙功，时鄂木布、色棱已卒，以图巴掌中旗，鄂木布子谔班掌前旗，色棱子巴克巴海掌后旗，各授札萨克，封镇国公、辅国公爵有差。康熙二十六年，上阅兵卢沟桥，命其部来朝人从觐。二十七年，噶尔丹侵喀尔喀，谕严防汛。二十九年，噶尔丹袭喀尔喀昆都伦博硕克图衮布，逾乌勒扎河，命选兵驻归化城。三十年，以自厄鲁特来归之巴图尔额尔克济农和罗理叛逃，诏备兵五百侦剿。三十一年，和罗理降，撤所备兵归。十五年，从西路大军败噶尔丹于昭莫多。三十六年，朔漠平，上由宁夏凯旋。四等台吉南春迎觐贺捷，称旨，晋授一等台吉，并优赉从征及坐塘、监牧、凿井诸弁兵。三十八年，以其属有贫为盗者，谕诸札萨克教养之。五十四年，所部歉收，以呼坦和朔储粟赈之。雍正九年，大军剿噶尔丹策凌，谕选兵防游牧。乾隆十九年，议剿达瓦齐，诏购驼马送军。

所部三旗，驻牧哈达玛尔。爵三：札萨克镇国公二、辅国公一。是部垦事最先。乾隆三十年，即将沿河牧地私租民人耕种。五十七年，以积欠商人二万两，允佃种五年之限。道光十二年，札萨克镇国公巴图鄂齐尔充乌兰察布盟盟长，以茂明安等旗争地不报归化城副都统。辄向理藩院越诉，夺盟长。咸丰三年，绥远城将军盛垲奏："乌拉特三公旗生齿日繁，渐形穷苦。赊欠民人债物，及备办军台差使借贷银钱，无力偿还，陆续私租地亩数十处，每处宽长百十里或数十里。酌拟变通，分别应禁应开。"下所司议行。

……

二十三年，山西巡抚胡聘之请开乌拉特三湖湾地方屯垦。既得谕旨，理藩院以蒙盟呈有碍游牧，格其议。二十九年，护山西巡抚赵尔巽、吴廷斌先后奏置五原厅同知，以是暨鄂尔多斯之达拉特、杭锦两旗寄居民人村落隶之。时兵部侍郎贻谷督垦，派员劝报地。三十三年，奏乌拉特前旗以达拉特旗东之什拉胡鲁素、红门兔等地段，后旗以黄河西岸之红洞湾地段，中旗以黄河西岸熟地莫多、噶鲁泰两段报垦，并修坝工，扩渠道，防冲突，畅引灌。乃以民多官少，防范难周，蒙人时有争渠阻垦情事入告。是部中旗有佐领十六，前旗十二，后旗六。

《西北远征记》（节选）

从包头往五原有两条路，南道是沿着阴山的南麓西进，北道是转过阴山的北面，沿北麓西进，我们这次所取的路线，是由北道向五原进发；因为北道虽然荒凉，但是比较简捷。

日光渐渐黯淡，阴山的巨影在云雾中暗藏着，隐隐地呈露出阴森的面目。中国的诗人，两千年来，惯用"阴山"两字，和戍兵枯骨，闺妇残梦，写在同一页的诗稿上。这是秦皇汉武导演屠杀的话剧的戏场，有多少所谓威震百世的名将，在这眼前的阴山之麓，饱蘸着千千万万无名小卒的颈血，将自己的姓名，写在历史上，这就是所谓英雄的事业。然而到了如今，一切都不曾遗留，所遗留给后人的，只是一些感慨和虚空。

骡车在沙原上缓缓地向着巍峨的阴山接近。蓦然间，天气剧变，一阵狂风，卷起了满天的沙尘，天地陡然归于晦暗，在这荒凉的原野，更觉得阴惨逼人。

完毕了四十里行程，宿营在阴山山麓的蒙古喇嘛寺附近，地名昆都仑召。队伍都搭下了营帐，我们搬入惟一的土室内，争得一席之地。寒风继续地吹着，一种突然凛冽的寒气，令人不敢走出土室一步。

土室内和我们同住的，都是刘氏的便衣随员，他们都有远大的前程，预备在皋兰山前，建筑荣华富贵的王国。这些未来的贵人，不是刘氏的姻娅，就是刘氏的故旧，其中有一位张中和，名刺上刻着陆军少将的头衔，从一言一笑里，都可以看出他是官僚的油锅中炸过的麻花；还有一位姓刘的，是一位年近四十的胖子，一味喜欢唱大面戏。这样肥胖的身体，唱大面戏，当然是最得体的，如果他要是偏偏喜欢唱花旦戏，这个结果，我真不敢设想了。这时他坐在炕上，断续地哼着"探阴山"，我们都有意无意地听着，门外是兵士造饭的一片喧闹声。

近晚风势略住，我和钱君出去散步，四望旷野，除了喇嘛寺和土室，再看不到其他人类的建筑。信步向南走去，转入一条深沟的里面，忽然看见沟的两旁密密地筑着板门纸窗，接连地有半里多长；原来这里是一个地平线下的村庄，他们穴居在沟的两旁，过着蟹的生活。在这寒风凛冽的绝塞上，为生存而和自然猛烈地奋斗，甚至于钻入地底层，人生就是这样，为保持生命而和一切敌人酣战。在这些事实的前面，厌世派的文学家，是没有插嘴的余地的。

天色黎明，凄厉的号角声惊醒了我们的酣梦。寒颤的语声从门外传来，兵士们正忙着收拾营帐和行李，驼铃叮当声骡夫驾车声杂然并起，死的大地突然现出活跃的气象。传令兵王庆喜给我们打了一桶菜汤和几个黑馍，草草地完毕了早餐。我和钱君为取暖计就步行出发，走了十里左右，晓日映照在山前，寒气渐渐暖和。在晨光中，自然界的一切，都带着蓬勃的生气，我和钱君都兴奋和愉悦。有几位军佐和我们结伴步行，沿着一条溪涧向阴山深处猛进，溪水绿油般地向东南流去，和我们背道而驰。

从一座临时建筑的木桥上横渡了溪流，走了几里崎岖的山路到达一个山村，这是我们预定的尖站。在这山村里，除了麦饼和哈德门香烟以外，我们再找不出其他商品。等了一会儿，后面的队伍齐来了，最前头是迫击炮营，其次是骡车和大车，再次是几百骆驼驮载的接济，最后是炮兵营和通信队。于是乎，人喊马嘶，几乎闹翻这静僻的山村。

　　渐渐地绕到阴山的北麓，道路由崎岖而渐归平坦，经过多少草泥的淤潦，在日色平西的时候，到达了我们的宿营地土黑麻井。这是一个阴山北麓的小村，住户三五十家，在这里，我们可以买到一些牛羊肉，以及卷烟砂糖之类，真是出于我意料之外的安慰。

　　晚饭以后，我独自晚眺。倚岫的夕阳，反照在荒凉的小村上，反照在村外的营帐上，反照在村外的原野上，整个视线中，是一个深红的宇宙。行军灶的炊烟袅袅地直上天际，大地是静悄悄的沉默无声，我怀疑眼前的景象是名画家一幅晚景的杰作。

　　离开了土黑麻井，向寂寞的荒野前进。我坐在车上看书，但车身的震荡使我眼前只有一块黑花摇晃着。我于是下车步行，同行的是牧师丁君。在当时，国民军中凡是旅部以上的司令部，都派有一位牧师散布着救世的福音，薪水每月是六十元。这位丁君，是一个俊秀的青年，出身燕京大学神科，我们在张家口被徐香圃误请去吃饭那一天，他也在座上，所以我们初到包头时，他就认识我们。加以国民军的长官，对于我们每每作牧师一样的看待，在行军中常常被指定在一处住宿，谈话的机会因此甚多。但是我们各有一个不同的信仰，这条唯神和唯物的鸿沟，使我们的感情始终停滞在若即若离之间。一路上，我们所谈的都是些风俗人情无关紧要的话语，双方似乎都矜持着。不谈宗教和革命的问题，这是我们双方完全明白的。如果一谈到这些问题，我们间所有埋藏着的冲突性就会立即爆发出来的。

　　日暮，宿营在大佘太，在这里有一所设治局，预备十年生聚之后，将该地改成县治，但是大佘太四周的环境和镇内的状况，不允许这种计划容易实现。在中国现状之下，这种计划本来是谈不到的，当我们看到帝国主义，造成一个殖民地市场的时候，自然觉得可以艳羡，然而新市场的建筑，其成功不在野心政治家的悉心掠夺，而在于帝国主义国家的生产和资本的过剩，为寻找危间，当然地造成了新市场。至于像中国这种经济和政治的情形，在帝国主义的束缚没有解除革命的政权没有确保时，只有盲人可以高嚷着建设，不然定是一件另有作用的政治骗案。

　　队伍都露营在镇外的旷地，副官李禄贞给我们找了一家客店，和牧师随员们同住。在马粪燃烧着的热炕上，我们安醉地度过了这客中的一夜。

　　从大佘太往四柜路程较远，所以起程也较早。经过了一片草地，越过了一条山岭，渡过了黄河的支流，走入所谓"膏腴之地"的河套。红日已下西山，远远地看到一泓绿水，曾经到过河套的旅伴告诉我们，这临水的村庄就是四柜。在那时，我正在饥饿疲劳中，看到这映入眼帘的宿营地，简直和哥伦布发现新大陆的第一瞬间发生同样惊喜的心理。

王同春开发河套记
节选自顾颉刚文

（一）

王同春是直隶顺德府邢台县人，生于清咸丰元年（1851年），小名进财。他出身微贱，没有受到教育，识不得几个字。他幼年的生活，大约已经没有人知道了。到十六岁那年，他犯了杀人的案子，从家乡逃出来，同拳术家李三侉子一直推车到了河套。河套本来是一块肥沃的地方，民谚所谓"黄河百害，惟富一套"。黄河在河套一段，本有两道，在北的叫作北河，在南的叫作南河。后来北河渐湮，其下游在清朝道光年间淤断，和南河不通，土人呼为五加河（也有人写作乌拉河）。从黄河到五加河，叫作后套。这块地方，南北四百余里，东西六七百里，真是天府之国。自从明朝入于蒙古，只充作牧场。到乾隆年间，有几个汉族渔夫捕鱼到此，在近河处用桔槔取水，试行种植，大获其利。到道光三十年，黄河水溢，北岸决成一河，名曰塔布河。河流所及，都成了膏腴。那里山西人民移植来的渐渐多了，他们在那边种地，有非常好的收获。听说一个人可以种到一千亩，种一年可以吃十年。起初他们只会利用天然的河流，后来也会自己开渠引水灌田了。王同春就在这时赶到了河套。

有一个四川人，名唤郭有元，他先到河套，娶了甘肃女子，成家立业。他首先提倡开渠，这条渠就叫作"老郭渠"（现在改称通济渠）。同治十三年，王同春投在郭家充作工人，勤苦地工作。他的身材特别高大，长六尺左右，进普通的门户全须低头而入，力气又极大，一锹下去掀起来时就有百余斤的土。郭有元见他一表人才，心里着实爱重，就叫他管理渠工，把女儿嫁给他。他既成了家，就向蒙人租了牧地，自创一牛犋（这是绥远的特别名词，两头牛为一牛犋，引申为村庄的意思）。后来再开第二个牛犋，以至于第三、第四……他的田多了，就在隆兴长（地名，在今五原城南）创一牛犋，这是他的大本营。光绪七年，他又自己开了一条小渠叫永和渠。十二年，又开同和渠；后来开得长了，改为义和渠（在今五原县），这条渠长有百余里。在这时候，他已经不受他的丈人的节制了。

光绪初年，开渠垦田的还有几人，西边有一姓王的凿了一条黄土拉亥渠，又有一个姓杨的开了一条杨家河（都在今临河区）。东边有一曹四，还有一个四老虎，同时开了一条长胜塔布渠（今名长济渠）。凡是一开了利就会发生争端，他们为了争水争霸时常械斗。王同春势力最充裕，他有来复枪、前膛炮，手下养着的逃兵和把式匠（即拳教师）又最多，械斗几年，他独霸了。河套共有八大干渠，每渠周围数百里，他一个人就开辟了五个，拥有良田一万余顷、牛犋七十个。

（二）

但他的占胜并不完全靠武力，他有绝特的聪明。开一条渠不是容易的，三丈阔，三丈深，数十里至数百里长，还有许多的支渠，费钱数万至数十万、百万。实在是很伟大的工程，要是开了没有水来或来而不多，人力财力岂不冤枉花了。但他识得水派，有开渠的天才，一件大工程，别人退避不遑的，他却从容布置，或高或下，或向或背，都有适当的计划。他时常登高望远，或骑马巡行，打算工程该怎么做，比受过严格训练的工程师还要有把握。在黑夜之中，他点了三盏灯疏落地放着，测定地的高低。逢到下雨天，他又冒雨出去，说那里有水，锹头挖下去，果真冒出水来了。遇有疑难的地方，低着头看，抬着头想，他痴痴地立在渠边，有时竟彷徨终夜。等到豁然贯通，真觉得上下通明，快乐地跳起来、叫起来，他是这样的精神专注的。他又最不会失掉经验。夜中驰驱旷野，偶然不辨在什么地方，只消抓一把土向灯一瞧就知道走到哪了。有一次，他指着一块地说一尺以下必有水，旁人不信，掘下一尺，他的话竟验了。这人骇怪，问他原因，他说：“你看，地鼠穿的窟窿，翻起来的土是湿的。这不是很明白的证据吗？”黄河中起泡，他知道水要涨了，对农民道：“我开这渠水会跟我来的！”果然渠口一开，水就汹涌地进来了。农民对他信仰极了，真要把他当成龙王拜。后来他和人家打架，被挖了一只眼睛，大家就称他为“独眼龙”，嵌进了这龙字。这因他小名进财，也称他“瞎进财”。凡是到河套去，提起王同春，这名字太文雅了未必人人知道；一说瞎进财，没有不知道的。他还有一个表字叫作“浚川”，这当然因他有开渠的功绩，念书人取了尧典中的句字替他加上的了。

他非常惜物，爱牲畜，天天先喂了牲口然后自己吃饭。他又非常刻苦，开渠时自己也杂在工人队里，一齐动手，就是他的爱子也逃避不了这种苦差事。就是他的女儿，脚裹得小小的，也要背了枪在渠里监工。

他的势力渐渐雄厚，于是招兵买马，做起土皇帝来。流氓跑向他那边去，犯罪的也逃到他那边去。三教九流，他都容得下。直鲁豫三省的贫民，去的更不少。本来茫茫的荒野，给他一干，居然村落相望，每天下锹的和担土的有数万人了。他用了兵法部勒他们，个个人要替他做事，不许随便离开。农闲之时，又要施行军事训练，以防敌人的侵袭。清末革命党需要金钱的接济，常去访他，也受过他不少的恩惠。他对于钱财一点不吝惜。凡是去依赖他的人，他每每给这个人娶媳妇，再给以百亩或千亩的田地。光绪十七、十八两年，京北大旱灾，他捐输了粮米一万多石。二十七年又是闹荒，他再捐了六千多石。（有删节）

历代诗词辑录
饮马长城窟行

汉·佚名

青青河畔草，绵绵思远道。

远道不可思，宿昔梦见之。

梦见在我傍，忽觉在他乡。

他乡各异县，展转不相见。

枯桑知天风，海水知天寒。

入门各自媚，谁肯相为言？

客从远方来，遗我双鲤鱼。

呼儿烹鲤鱼，中有尺素书。

长跪读素书，书中竟何如？

上言加餐食，下言长相忆。

敕勒川

北朝民歌

敕勒川，阴山下，天似穹庐，笼盖四野。

天苍苍，野茫茫，风吹草低见牛羊。

无题

隋·杨广

鹿塞鸿旗驻，龙庭翠辇回。

毡帐望风举，穹庐向日开。

呼韩顿颡至，屠耆接踵来。

索辫擎膻肉，韦鞲献酒杯。

何如汉天子，空上单于台。

塞上曲

唐·李白

大汉无中策，匈奴犯渭桥。

五原秋草绿，胡马一何骄。

命将征西极，横行阴山侧。

燕支落汉家，妇女无华色。

转战渡黄河，休兵乐事多。

萧条清万里，瀚海寂无波。

千里思

唐·李白

李陵没胡沙，苏武还汉家。

迢迢五原关，朔雪乱边花。

一去隔绝国，思归但长嗟。

鸿雁向西北，因书报天涯。

边词

唐·张敬忠

五原春色旧来迟，二月垂杨未挂丝。

即今河畔冰开日，正是长安花落时。

过五原胡儿饮马泉

唐·李益

绿杨著水草如烟，旧是胡儿饮马泉。

几处吹笳明月夜，何人倚剑白云天。

从来冻合关山路，今日分流汉使前。

莫遣行人照容鬓，恐惊憔悴入新年。

塞北行次度破讷沙

唐·李益

眼见风来沙旋移，经年不省草生时。

莫言塞北无春到，总有春来何处知。

破讷沙头雁正飞，鸊鹈泉上战初归。

平明日出东南地，满碛寒光生铁衣。

相如歌辞·王昭君

唐·张仲素

仙娥今下嫁，骄子自同和。

剑戟归田尽，牛羊绕塞多。

五原行

宋·文同

云萧萧兮草摇摇，风吹黄沙空寂寞。

胡儿满窟卧寒日，卓旗系马人一匹。

夜来烽火连篝起，银鹘呼兵捷如鬼。

齐集弓刀上陇行，犬噪狐嗥绕空垒。

羌人钞暴为常事，见敌不争收若雨。

自高声势叙边功，岁岁年年皆一同。

将军玩寇五原上，朝廷不知但推赏。

扈从羽猎

元·耶律楚材

湛然扈从狼山东，御闲天马如游龙。

惊狐突出过飞鸟，霜蹄霹雳飞尘中。

马上将军弓挽月，修尾蒙茸卧残雪。

玉翎犹带血模糊，骍骡嘶鸣汗微血。

长围四合匝数重，东西驰射奔追风。

鸣鞘一震翠华去，满川枕藉皆豺熊。

自笑中书老居士，拥鼻微吟弓矢废。

向人忍耻乞其馀，瘦兔癯獐紫驼背。

吾儒六艺闻吾书，男儿可废射御乎！

明年准备秋山底，试一如皋学射雉。

自宁夏出塞滨河至白塔乘舟顺流而下抵湖滩河朔作

清·康熙

黄河之源难可穷，滔滔来自遐荒中。

既入洮兰复西出，飞涛浩瀚声淙淙。

来从边山远跋涉，遣师挽饷兼采风。

回銮欲假顺流便，特乘艇舰浮奔洪。

漾洄大野势几曲，沙岸颓突还巃嵸。

乱柳排生枝干密，中有巨鹿藏榛丛。

遥山转转行莫尽，忽前俄后迷西东。

有时塞云催急雨，晚天霁色横长虹。

旌门月上夜皎洁，水光直与银汉通。

放棹百里只瞬息，迅于走坂驰骏骢。

中宵望见旄头落，幕北已奏烟尘空。

兹行永得息兵革，岂惜晓暮劳予躬。

长河绵延古鲜历，巡阅乃与区域同。

自此寰海乐清晏，熙恬万国咸亨丰。

乌拉山南道中

张相文

荡荡南山道，游踪怯恼包。

广垣车并驾，独树鸟争巢。

羊栅红围柳，盐田白起硝。

乘风同一快，帆影映征轺。

垦民歌

白乙化

乌拉山旁，黄河套里，开辟我们的新天地。

吃饭就得做工，做工必须努力。

不受剥削，不分阶级，镰刀锄头是战胜一切的武器。

我们今天流汗，明天流血，结成了铁的队伍，打回老家去！

乌拉特前旗公务处候刘委员允臣

冯曦

初入毡庐蒙古游，三湖河畔畅双眸。

红衣少妇驰单骑，黄发童儿逐乳牛。

酒劝主人情恳恳，眼穿节使望悠悠。

客居半日消闲甚，几次川前看小鸥。

乌梁素海

布赫

浩瀚红柳海，水明芦苇青。

鱼欢掀银浪，鸟悦忘返程。

诗五首

郭世昌

巴彦淖尔怀古

铜镞石斧阴山星，牧猎岩画展雄风。

秦设九原始垦殖，汉移朔方十万丁。

唐中引河凿二渠，元初腹里劝农耕。

成吉思汗统诸部，清皇置旗三公封。

内蒙自治迎解放，各族携手巴盟兴。

羊牛驼马遍四野，矿开厂建粮油丰。

阿贵善岱喇嘛在？战国长城早无兵。

黄金史要水晶鉴，边词春柳故人情。

河套平原

河鱼林兔老园瓜，烈酒甜糖好客茶。

麦浪葵云丰万户，山屏水润育英华。

乌拉特草原

绿地蓝天马作云，风轻梁阔好驰奔。

晴闲彩蘑惊兔鸟，唱醉羊肥奶酒醇。

乌加河

谁知神妹哈达缘？落作仙河伴圣山。

遥问拂云堆上女，卧牛石印可通天。

乌梁素海

霞裙雾带浪为花，苇院蒲城鸟伴家。

美水漂歌风送去，归舟笑月话鱼鸭。